錢穆作品精萃

中國歷史研究法

錢穆

三民書局

錢穆作品精萃序

錢穆先生身處中國近代的動盪時局，於西風東漸之際，毅然承擔起宣揚中華文化的重任，冀望喚醒民族之靈魂。他以史為軸，廣涉群經子學，開闢以史入經的嶄新思路，其學術成就直接反映了中國近代學術史之變遷，展現出中華傳統文化的輝煌與不朽，並撐起了中華學術與思想文化的一方天地，成就斐然。

三民書局與先生以書結緣，不遺餘力地保存先生珍貴的學術思想，希冀能為傳揚先生著作，以及承續傳統文化略盡綿薄。

自一九六九年十一月迄於一九九一年十二月，二十多年間，三民書局總共出版了錢穆先生長達六十餘年（一九二三～一九八九）之經典著作——三十九種四十冊。茲序列書目及本局初版日期如下：

中國文化叢談……（一九六九年十一月）

中國史學名著……（一九七三年二月）

文化與教育……（一九七六年二月）
中國學術思想史論叢㈠……（一九七六年六月）
國史新論……（一九七六年八月）
中國歷代政治得失……（一九七六年八月）
中國歷史精神……（一九七六年十二月）
中國學術思想史論叢㈡……（一九七七年二月）
世界局勢與中國文化……（一九七七年五月）
中國學術思想史論叢㈢……（一九七七年七月）
中國學術思想史論叢㈣……（一九七八年一月）
黃帝……（一九七八年四月）
兩漢經學今古文平議……（一九七八年七月）
中國學術思想史論叢㈤……（一九七八年七月）
中國學術思想史論叢㈥……（一九七八年十一月）
中國學術思想史論叢㈦……（一九七九年七月）
歷史與文化論叢……（一九七九年八月）

中國學術思想史論叢(八)……（一九八〇年三月）
湖上閒思錄……（一九八〇年九月）
人生十論……（一九八二年七月）
古史地理論叢……（一九八二年七月）
八十憶雙親・師友雜憶（合刊）……（一九八三年一月）
宋代理學三書隨劄……（一九八三年十月）
中國文學論叢……（一九八三年十月）
現代中國學術論衡……（一九八四年十二月）
秦漢史……（一九八五年一月）
中華文化十二講……（一九八五年十一月）
莊子纂箋……（一九八五年十一月）
朱子學提綱……（一九八六年一月）
先秦諸子繫年……（一九八六年二月）
孔子傳……（一九八七年七月）
晚學盲言（上）（下）……（一九八七年八月）

中國歷史研究法……（一九八八年一月）
論語新解……（一九八八年四月）
中國史學發微……（一九八九年三月）
新亞遺鐸……（一九八九年九月）
民族與文化……（一九八九年十二月）
中國思想通俗講話……（一九九〇年一月）
莊老通辨……（一九九一年十二月）

二〇二二年，三民書局以全新設計，將先生作品以高品質裝幀，隆重推出珍藏精裝版，沉穩厚實的木質色調書封，搭配燙金書名，彰顯國學大家的學術風範，並附贈精美藏書票，期能帶領讀者重回復古藏書年代，品味大師思想精髓。

謹以此篇略記出版錢穆先生作品緣由與梗概，是為序。

三民書局
東大圖書　謹識

序

近人治學，都知注重材料與方法。但做學問，當知先應有一番意義。意義不同，則所採用之材料與其運用材料之方法，亦將隨而不同。即如歷史，材料無窮，若使治史者沒有先決定一番意義，專一注重在方法上，專用一套方法來駕馭此無窮之材料，將使歷史研究漫無止境，而亦更無意義可言。黃茅白葦，一望皆是，雖是材料不同，而實使人不免有陳陳相因之感。

此書乃彙集八次講演而成。在民國五十年，香港某一學術機構，邀我去作講演。歷史研究法之大總題，乃由此一機構所決定。我則在此講題下，先決定一研究歷史之意義，然後再從此一意義來講研究方法。故我此書，實可另賦一名曰中國歷史文化大義。研究歷史，所最應注意者，乃為在此歷史背後所蘊藏而完成之文化。歷史乃其外表，文化則是其內容。

本此主要意義而分本講演為八題。最先是講如何研究通史，最後是講如何研究文化史。其實文化史必然是一部通史，而一部通史，則最好應以文化為其主要之內容。其間更分政治、社會、經濟、學術、人物與地理之六分題，每一分題，各有其主要內容，而以文化為其共通對象與共通骨幹。

每一分題，在其共通對象文化大體系之下，各自地位不同，分量不同，其所應著重之材料與其研究方法亦隨而不同。讀者勿忘我此八番講演之主要意義所在，自將可見我此所講，語語有本源來處，亦語語有歸宿去處。

此一講演集，先由我一學生葉龍君記錄講辭，再由我整理潤飾。民國五十年底，曾在香港出版。惟初版後未再付印。此版乃是在臺之第一版，內容一如初版，只在不關緊要之文字上稍有些少之改動。因初版並未有序，此版特為增入，以諗讀者。

中華民國五十八年四月錢穆自識於臺北外雙溪之素書樓

附識：

此書多年絕版，今整理重印，略有增潤。並附錄早年兩文〈略論治史方法〉〈歷史教育幾點流行的誤解〉於后。

中華民國七十六年雙十節錢穆自識於
臺北士林外雙溪之素書樓時年九十有三

錢穆作品精萃序
序 ·1
第一講 如何研究通史 ·17
第二講 如何研究政治史 ·35
第三講 如何研究社會史 ·53
第四講 如何研究經濟史 ·69
第五講 如何研究學術史 ·85
第六講 如何研究歷史人物

第七講　如何研究歷史地理 ‧105
第八講　如何研究文化史 ‧121

附　錄

略論治史方法
（民國二十五、六年《中央日報》文史副刊） ‧139
歷史教育幾點流行的誤解
（民國三十年十一月《教育雜誌》三十一卷十一期） ‧149

第一講　如何研究通史

一

本書總講題是如何研究中國史。這是第一講，講題「如何研究中國通史」。但講這一題目，容易流於空泛膚淺。請諸位原諒。

讓我首先問為何要研究中國史？簡單回答：「中國人當知道些中國史。」這是一項極普通極基本的道理，我們應當承認。昨天報載美國前總統杜魯門發表談話，主張美國青年應多知道些美國史。同樣，每一個國家的公民都應該知道些關於他們自己本國的歷史，中國人應該知道些中國史。中國史講的中國人之本原和來歷，我們知道了中國史，才算知道了中國人，知道了中國人之真實性與可能性，特異性與優良性。我們也可說，知道了中國史才算知道了我們各自的自己。譬如我們認識一位朋友，總不能單在他的高矮肥瘦上去認識，當然該知道一些他以往的歷史，如他的姓名、籍貫、學歷、性情、才幹等，我們才算是知道認識了此朋友。我們是中國人，只有在中國史裡來認識我們自己。不僅要認識我們的已往，並要認識我們的將來。若非研究歷史，即無從得此認識。

二

歷史有其特殊性、變異性與傳統性。研究歷史首先要注意的便是其特殊性。我們以往的傳統，與其他民族有變有異，有自己的特殊性。沒有特殊性，就不成為歷史。如果世界上一切國家民族，都沒有其相互間的個別特殊性，只是混同一色，那就只需要，亦只可能，有一部人類史或世界史便概括盡了。更不須，也不能，再有各國國別史之分。

其次，歷史必然有其變異性。歷史常在變動中進展。沒有變，不成為歷史。我們讀小說，常見說：「有事話長，無事話短。」所謂有事即是有變。無變就不見有事。年年月月，大家都是千篇一律過日子，沒有甚麼變動，此等日常人生便寫不進歷史。歷史之必具變異性，正如其必具特殊性。我們再把此二者，即特殊性和變異性加在一起，就成為歷史之傳統性。我們研究歷史，首先就當知道歷史的三種特性。

現在再講中國史和西洋史有何不同。據我個人意見，至少西洋史是可分割的，可以把歷史上每一時期劃斷。如希臘史和羅馬史，兩者間就顯可劃分。以下是他們的中古時期，這又是一個全新的時期，與以前不同。此下則是他們的近代史，現代國家興起，又是另一段落了。如此劃分開來，各有起迄。而中國史則是先後相承不可分割的，五千年一貫下來，永遠是一部中國史，通體是一部中國史。戰國以後有秦漢，決不能和西方之希臘以後有羅馬相比。這顯然見得雙方歷史互有不同，此即是我上面所指述的歷史之特殊性。但此處當注意者，我們只可說，西洋史可分割，中國史不可分割，卻不能說中國歷史沒有變動性。我們只能說，西方歷史的變動比較顯而在外，使人易見。中國歷史的變動，卻隱而在內，使人不易覺察。我常說，西洋歷史如一本劇，中國歷史像一首詩。詩之唧接，一句句地連續下去，中間並非沒有變，但一首詩總是渾涵一氣，和戲劇有不同。

三

諸位研究歷史，首當注意變。其實歷史本身就是一個變，治史所以明變。簡言之，這一時期的歷史和前一時期不同，其前後之相異處即是變。因此乃有所謂歷史時代。歷史時代之劃分，即劃分在其變上。如果沒有變，便無時代可分。我們當知，並非先有了各個時代，才有這各個時代的歷史。乃是先有了這一段歷史，才照此歷史來劃分為各時代。時代只是歷史的影子，乃由歷史中照映出時代。無時代之變，便無歷史可寫。如在先史以前，人類存在，已不知其經過了幾十萬年。但其間變動少，便亦無許多時代可分，亦無詳細歷史可寫。於是便成為我們對這一段歷史之所知少。實因這一段歷史自身之變動少，人類進步遲緩，故無事變可言時代可分。淺言作譬，如一人，只是生老病死，只是溫飽度日。在其人生過程中，無特殊性，無變異性，其人之一生，便亦無歷史可言。

西洋史總分上古、中古和近代三時期。上古史指的是希臘和羅馬時期，中古史指的是封建時期，近代史指的是現代國家興起以後。但中國人講歷史常據朝代分，稱之為斷代史。如先秦史、秦漢史、魏晉南北朝史、隋唐史、宋遼金史、元史、明史、清史等。因此有人說中國史只是一部帝王家譜，乃把王朝興亡來劃分時代。李家做了皇帝就名唐史，朱家做了皇帝就稱明史，此說實甚不然。一個統一王朝之興起，其政府規模可以維持數百年之久，在這一時期中變動比較少。突然這一王朝崩潰了，另一新王朝起而代之，當然在這兩朝代之間歷史會起大變動，所以把斷代史來劃分時期，就中國歷史言，可以說是一種自然劃分，亦無很大不妥當處。

若我們必要比照西洋史分法，則中國的上古史當斷在戰國末年。秦以下，郡縣政治大一統局面開始，便該是中國的中古史了。但這與西方的中古時期不同。大體說來，西方中古時期是一段黑暗時期，而中國漢唐時代，政治社會各方面甚多進步。不僅不比我們的上古史遜色，又且有許多處駕而上之。我們也可將秦代起至清末止，二千年來一氣相承，稱之為中國歷史之中古期，不當在中間再加劃分。若定要劃分，亦可分做兩期。五代以前為一期，我們不妨稱五代以前為中國的中古史，這一段歷史，因離我們比較遠，由我們現代人讀來，有許多事情也比較地難瞭解難明白。宋以下的歷史，和我們時代相接近，讀來較易瞭解易明白。我們也可說，中國的近代史，自宋代即開始了。

如此說來，可以說中國史常比西方史走先了一步。秦代已是中國的中古時期，宋代已是中國的近代時期了。如此便發生了一問題，即中國史為何似比西方歷史先進，這是否可稱為中國歷史之早熟？但現代史上的中國，卻比西方落後，其原因又何在呢？歷史本不是齊軌並進的，把一部中國史比起西方史來，何以忽然在前，又忽焉在後？近代西方何以如此突飛猛進，近代中國何以如此滯遲不前？這裡面便見出有問題，值得我們去研究與解答。

四

其次，我們研究歷史之變，亦宜分辨其所變之大與小。例如從春秋到戰國是一變，但這尚是小變。從戰國到秦卻是一大變。自東漢到三國魏晉時代卻又為一大變。歷史進程，一步步地不斷在變。從此不斷之變中，我們又該默察其究竟變向那裡去。正如一個人走路，我們可以察看他的行踪和路線，來推測他想走向那裡去。同樣情形，治史者亦可從歷史進程各時期之變動中，來尋求歷史之大趨勢和大動向。固然在歷史進程中，也不斷有頓挫與曲折，甚至於逆轉與倒退。但此等大多由外部原因迫成。在此種頓挫曲折逆轉與倒退之中，依然仍有其大趨勢與大動向可見。此等長期歷史之大趨勢與大動向，卻正表現出每一民族之歷史個性有不同。我們學歷史，正要根據歷史來找出其動向，看它在何處變，變向何處去。要尋出歷史趨勢中之內在嚮往，內在要求。我們要能把握到此歷史個性，才算知道了歷史，才能來指導歷史，使其更前進。使其前進到更合理想的道路上，向更合理想的境界去。

今試粗略言之。中國史的趨勢，似乎總向團結融和的方向走。雖然其間也有如戰國、魏晉、南北朝、五代，以及如今天般的分裂時代。但中國歷史的大趨向，則總是嚮往於團結與融和。西方史則總像易趨於分裂與鬥爭。中國史上有造反與作亂，但和西方史上所謂革命不同。中國史上也有向外擴展，但與西洋史上之帝國征服又不同。此項所謂歷史的大趨勢大動向，我們無法在短時期中看清楚。但經歷了歷史上的長時期演變，自能見出所謂各自的歷史個性，亦可說即是在歷史背後之國民性或民族性之表現。剛才已說過，中國史即是中國人之來歷與其真實性之表現。西洋史亦即是西洋人之來歷與其真實性之表現。因此，歷史個性不同，亦即是其民族精神之不同，也可說是文化傳統的不同。一個民族及其文化之有無前途，其前途何在，都可從此處即歷史往蹟去看。這是研究歷史之大意義大價值所在。

我們該自歷史演變中，尋出其動向與趨勢，就可看出歷史傳統。我此所謂歷史傳統，乃指其在歷史演進中有其內在的一番精神，一股力量。亦可說是各自歷史之生命，或說是各自歷史的個性。這一股力量與個性，亦可謂是他們的歷史精神。能使歷史在無形中，在不知不覺中，各循其自己的路線而前進。若那些在歷史進程中沉澱下來的，或僵化而變成的一些渣滓，此乃依隨著歷史生命而俱來的一種歷史病，卻不當誤看為歷史傳統。

五

現在我們再重述前面所講的意義。如何研究歷史，貴能從異求變，從變見性。從外到內，期有深入的瞭解。我們研究歷史，其入手處也可有三種途徑：

第一種是由上而下，自古到今，循著時代先後來作通體的研究。治史必有一起點，然後由此以達彼。此起點，即是從入之途。我們研究歷史要先有一知識據點，然後再由此據點推尋到其他另一點。例如這講臺上有茶杯，我知道它是茶杯，同時即知道旁的東西非茶杯。我雖未知此許多東西是何物，但起碼已知道了它決不是一茶杯。如我們讀《左傳》，先明白了春秋時代是怎麼一回事，待我們讀到戰國史時，便見戰國與春秋有不同。此即所謂從異明變。普通自該從古到今，從先而後地順次讀下。但現代人似乎覺得這樣學歷史太麻煩了，真有「一部二十四史，不知從何說起」之感。也有人以為古代史已是年代湮遠，和我們現時代太隔別了，似乎不太相干。再來研究它，未免太不切實際。此說若或有理。讓我試講第二種研究歷史的途徑。

第二種研究歷史的途徑，就是自下溯上，自今到古，由現代逆追到古代去。只把握住現代史上任何一點一方面，無論是政治的、社會的、經濟的、學術思想的等等，任何一事實一問題，都可據我們眼前的實際問題循序上推，尋根究柢地研究，也可明白出這一事變之所以然來。

另外又有一種研究途徑，便是純看自己的興趣，或是依隨於各自之便利，即以作為研究歷史的肇端。例如聽人談到宋史，說起王荊公新法如何，司馬溫公反對新法又如何，忽然引起興趣，便不妨從此一處起，來作宋史之鑽研。只求在一處能深入有體悟，自然會欲罷不能，便推及到其他處去。為要知道此一事的前因後果，而很自然地上溯下尋，愈推愈遠，這就是一種歷史研究了。又如或是受了某一師友的影響，或偶然讀得一本新書，而得了某一項啟示，因而引起了研究歷史的興趣和動機，也儘可從此入手。總之，要學歷史，只要能知道了某一代，某一地，某一事，或某一人物，都可即此為據點，來開始前進作研究。例如漢武帝、曹操等人物，都是我們耳熟能詳的。但我們不僅在外表上只知道一個是紅面，一個是黑面就算。要能從容不迫，沉潛深入，自然漸漸能窮源竟委，作出一番明透的鞭辟入裡的研究來。

但如上述第三種，根據某一問題來研究歷史，實不是最理想的。例如有人提出一問題：「中國何以會有共產黨？」若循此作研究，經過一番推溯，在中華民國政府成立以前，中國並無共產黨，而且在百多年前，此世界亦尚無馬克思其人。那麼此一問題似乎推究到此即完了，中斷了。你將認為上面歷史和此無關，如是的心習，會使你走上許多狹窄膚淺短視的路上去。因此即使我們要根據當前問題來推究，也得首先將此問題暫放一邊，平心靜氣，仍從歷史本身的通體來作研究，如此才能對你原有問題得出一正當的結論。我們當知，從研究歷史用心，可以解決問題。若僅從解決某些問題上用心，卻不一定能瞭解歷史。這等於說，明體可以達用，而求用心切，卻不一定能明體。

故此，我們若真要研究歷史，仍不如從頭到尾作通體的研究。首先便是通史，略知通史大體，再深入分著時期去研究一部斷代史。對一部斷代史有研究，再回頭來接著重治通史，又繼而再另研究一斷代。如此循環不息地研究下去，才是可遠可大，才能真明白歷史上的時代之變，才能貫通上下古今，而獲得歷史之大全。

我們更當明白，在同一時代中，此一事件與彼一事件之彼此相通處，及其互相影響處。但此也不宜刻意深求。我們若能熟悉於某一時代之橫剖面，自見在此時代中一切政治制度、社會形態、經濟情狀、學術大端、人物風尚性格等等，一一可以綜合起來互相會通，如此才算真明白了此時代。切莫一一各自分開，只作為是一些孤立和偶起的事項來看。我們又當知各事項之相互影響，又有主從之別。如三國時代，政治變了，社會變了，學術也變了。我們當研究此種種變，主要究自何處發動開始，究竟是由何一項來影響了其他別一項。又如自清代咸同中興以迄今天，一部中國現代史上，也曾有不少次的變動，每一變動也多曾引起人鼓舞想望，以為中國有希望了。但事實上，卻是每下愈況，愈變愈壞。我們當問，這些變究自何處來？究竟是要變向何處去？為甚麼總是變不好？我們須從逐件事上會通起來看。此中實是大可研究。這是中國現代史上一大問題，要人具備大見識，才能對此問題有解答。但若不先精熟這一部現代史，試問何從妄生揣測，或空下斷語來評判現代？即此一例，諸位可知史學之重要。治史要能總攬全局，又要能深入機微。初看好像說故事，到家卻須大見解。

六

如此說來，事若甚難，但我們只須心知其意，仍不妨分途、分期、分題、分類，各就才性所近，各擇方便所宜，乘興量力，只莫以為自己便是史學正宗，只此一家，別無分出。大家各知自己的限度，如此鑽研下去，也就夠了。

中國人向來講史學，常說要有史才、史識與史德。

一、史才：貴能分析，又貴能綜合。須能將一件事解剖開來，從各方面去看。如漢末黃巾之亂，可以從政治的、社會的、經濟的，以及學術思想民間信仰種種角度去看，然後能析理造微，達到六通四解，犂然曲當的境界。另一方面要有綜合的本領，由外面看來，像是絕不相同的兩件事，或兩件以上的事，要能將它合起來看，能窺見其大源，能看成其為一事之多面，這種才智即便是史才。

二、史識：須能見其全，能見其大，能見其遠，能見其深，能見人所不見處。歷史是一全體性的，並非真個有一件一件事孤立分離而存在。只是我們分來作一事一事看。如一塊石的堅與白，並不能分，只是我們自己的看法與把捉法把它分了。若我們能如是來看歷史，每件事便都能見其大。而且歷史過程也並非一時期一時期的，真可分開割斷的。其實歷史只是通體渾然而下，無間斷、無停止地在向前。我們若能如是來看歷史，自然能見其遠。又要能看出每一事之隱微處，不單從外面看，須能深入看。這樣的見識即便是史識。

要之，果尚專業，務近利，則其人決不足以治史。能崇公業，圖遠利，其人始得入於史。中國人自上古即發明史學者在此，西方人近代始有史學亦在此。

三、史德：有了史才和史識，又更須有史德。所謂德，也只是一種心智修養，即從上面所講之才與識來。要能不抱偏見，不作武斷，不憑主觀，不求速達。這些心理修養便成了史德。

我們如能兼備上述三條件，自可研究歷史有高深卓越的造就。反言之，我們從事研究歷史，正可訓練我們分析和綜合的頭腦，正可增長我們的心智修養，正可提高和加深我們的見識和智慧。

七

最後我須指出，研究歷史也隨著時代而不同。時代變了，治學的種種也會隨而變。我們今天所需要的歷史知識，與從前人所需要的可以有不同。我們需要獲得適合於我們自己時代所要求的知識。古人對歷史誠然有許多研究，但有些我們已用不著。我們需要的，古人未必用心到。我們須得自己有新研究，把研究所得來撰寫新歷史，來貢獻於我們自己這個新社會。這是我們所需要的史學。當知歷史誠然是一往不返，但同時歷史也可以隨時翻新。有了《史記》、《漢書》和《後漢書》、《三國志》等等斷代史，到宋代司馬溫公，仍可以從頭來寫一部《資治通鑑》，這是重新撰寫舊歷史。我們今天又和司馬溫公當時的宋代遠不同，我們又該來把舊歷史重新撰寫才是。

寫歷史有兩種分別。一種是隨時增新的寫。例如中華民國自開國到今已近六十年，我們就該添寫一部中華民國五十年或六十年史。這也不必定由一人寫，儘可由許多人同時來寫。又如在此六十年中，有許多大事，亦該分別寫。如國民革命軍北伐，如對日抗戰，如中共盤踞大陸二十年，這些大事件，都可分頭寫。又如國民政府流亡在臺也已二十年，即該有人來寫此一段的歷史。甚至像我們流亡來香港也已二十年，有史筆的人，也可寫一部香港流亡史。在一個時代，必須有了一本本的小歷史，才可由後人來彙集成一部大歷史。現在大家都束手不寫，將來變成一筆糊塗賬，試問叫後人再如何下筆。所以歷史該隨著時代而增寫。譬如過去有十七史、二十四史，接著加上《清史》，就成二十五史。有三通，又有九通、十通，但不能說中國歷史即止於此，以下便斷了。諸位研究歷史，最大責任，就在此增寫新史上，如此才好讓這部通史直通下去。

另一種是舊史新寫。我們今天仍可再寫一部新的春秋史，新的戰國史，或是秦漢史，乃至其他各種的舊史翻新。時代變了，我們所要求的歷史智識也和前人有不同，所以就該重來寫新歷史。這不是說舊歷史可以推翻不要。所謂舊史翻新，第一條件自該根據舊史，不違背舊史原來之真實性。舊史翻新了，舊史依然存在。只可惜此項舊史翻新的工作，我們也沒有人認真去做。我們前一輩的未盡責任，將這些任務都卸給我們。我們如再不盡責，這也是一時代悲劇，總該有人來負起此責任的。

總之，歷史是可以隨時翻新改寫的，而且也需要隨時翻新改寫的。我們自己不能翻新改寫，卻埋怨舊歷史不適用。那是把自己的不盡責來推到古人身上去埋怨他們，真是不該。試問孔子寫

《春秋》，司馬遷寫《史記》，豈是為著我們而寫的？諸位若真研究一些歷史，便不致隨便埋怨歷史。本人曾寫了一部《國史大綱》，也是屬於通史的，大家不妨參考一下。在我前後的人，已寫了不少本中國通史，都不妨一看。只可惜現在研究歷史的人少，連看歷史的人也少，所以就不知道這一門學問的行情。假如同行多，自然識貨人也多，就會有個比較，有真行情出現，此下便可有進步。目下由於寫的人少，看的人也少，史學變成獨家冷門貨，無可選擇，也無從評價。這需要有人多寫，多比較，自然可望不斷有更好的新貨新花樣出來。

今天我希望在座各位中有能發願來寫中國通史的，預定花二十年時間自可下筆。以歷史時間論，二十年並不長。如一人要能對歷史有貢獻，二十年工夫實在是很短。而且寫通史，也可有各種各樣寫法。譬如寫一部為某一部分人看的，如為成年人看的，為中學生看的，為兒童看的，為研究歷史的人看的，都可以。只要有人肯寫，就決不會嫌多。

怎樣著手寫呢？不妨先看近人寫的，作初學入門。再正式看舊歷史，看得多了，逐漸自己有了見解，再著手寫。你也寫一本，我也寫一本，寫的人多，公平意見也可從此產生，這就成了這一時代的歷史定論。如今天西方人寫歷史，他們不可能隨便做翻案文章，因為他們對歷史意見多已有了定論。此一時代有此一時代之定論，要翻也翻不多。舉其大者，如耶穌在西方歷史上是有其確定的地位的。可奇怪的是中國歷史，從現代人看來，似乎一切無可有定論。有人可以輕易否認孔子在中國歷史上的地位。他可不煩花深工夫，也可不致受大責怪。又如西方人崇拜希臘，總是稱讚希臘文化之偉大，這也已是一定論。但我們中國呢？春秋戰國時代是好是壞，誰也可以隨便說。這如民主政治大家都有投票權，所以有多數意見可憑。但我們此刻大家都放棄了這權利，只做一個旁觀者，只憑少數人甚至是獨家的判斷，你說你的，我說我的，於是就不能有共見，有定論了。若果研究這門學問的人多了，其間便可看出一個行情，得出一個定論，這是國人之共見，當然不能由某一人或某幾人把它輕易隨便推翻。

我很希望，今天在座諸位中，有一位或三兩位或更多位，能貢獻出他一生精力來研究中國歷史，來為中國新史學號召起一批自告奮勇的義勇軍出現才行。今天我們確實是在需要有新的歷史的時代中。但諸位在發願寫新歷史以前，當先細心讀舊歷史，不能憑空創新。我希望在這八次空泛的講演中，能得幾位後起青年，激起他們志願，使他們肯獻出一生精力，來致力於中國歷史的研究。這便是我這番講演的莫大收穫了。

第二講　如何研究政治史

一

今天是第二講：講題「如何研究中國政治史」。

上次講的是普通史，以下各講為專門史。先對普通史求瞭解，然後再分類以求。從歷史的各方面分析來看，然後再加以綜合，則仍見此一歷史之大全體。但較前所見的自更深細，更透徹了。

政治與政事不同。如秦始皇帝統一，漢高祖得天下，以及其他一切內政、外交、軍事等，都該屬於政事，歸入通史範圍。若講政治，則重要在制度，屬專門史。一個國家，必該有它立國的規模與其傳世共守的制度。這些制度，相互間又必自成一系統，非一件件臨時雜湊而來。

從前人學歷史，必特別注重政治制度方面。亦可說中國歷史價值，即在其能涵有傳統的政治制度，並占有極重要的地位。若不明白到中國歷代政治制度，可說就不能懂得中國史。中國專講政治制度的書，有所謂「三通」，即唐代杜佑《通典》、南宋鄭樵《通志》與元代馬端臨的《文獻通考》。後人又承續此三通，再擴為九通至十通。二十四史、九通，乃中國史書中最大兩分類兩結集，為治史者知識上所必備。

為何講制度的書，必稱為「通」？這因中國正史照慣例是分代編纂的，即所謂斷代史，如《漢書》、《晉書》、《隋書》、《唐書》等。如將斷代史連貫起來逐年合併敘述，則變為編年史，如司馬光之《資治通鑑》，此通字寓有編年通貫之意。但歷史上的事件可以編年通貫，也可斷代劃分。如秦代完了，接著有漢代，漢代結束，接著有魏晉南北朝。此等朝代更迭，即成為中國歷史上之時代劃分，此在第一講已講過。但中國歷史上的政治制度，則自古迄今，卻另有其一種內在的一貫性。在此一貫中，有因有革，其所變革處雖不少，但亦多因襲前代仍舊不改的。直到今天，亦仍還有歷史上的傳統制度保留著。這證明，中國歷史上的政治制度，有許多有其巨大的魄力，可以維持久遠而不弊。因此遂為後世所傳襲，此即中國歷史傳統一種不可推翻的力量與價值之具體表現。因此中國人把此項專講政治制度的書，也稱為通史了。

我們研讀中國史，普通是先讀編年史，再分期專治斷代史，然後再來研究制度方面的通史。

其實在二十四史中，本也包含有專講制度的一部分。在《史記》中稱「書」，如〈平準書〉、〈封禪書〉等。到《漢書》改稱「志」，《漢書》共有「十志」，都屬講制度方面的。以後歷代正史中多數有「志」，或有「書」，這些志與書，因其講的是制度方面，比較專門，普通讀歷史的往往忽略過，不仔細去討究。不如《資治通鑑》這一類專講人事方面的歷史，大家能讀。其實我們要學歷史，政治制度方面這一項，亦非通不可。清代阮元曾說過，一個人不讀二通，即不得謂之通人與通學。彼所謂二通者，一指《通鑑》，即編年通史。另一部指《文獻通考》，即指講政治制度方面的專門史。這亦是說，要學歷史，不可不通制度之意。

二

我們講到中國歷史上的政治制度，大體可劃分為兩段落。前一段落為秦以前的封建政治，後一段落為秦以後之郡縣政治。封建政治結束，即為中國古代史之結束。此一分法，顯然又與西方歷史不同。在西方歷史上，並無此兩種政治制度之分別與存在。而中國的政治制度則顯見有此大劃分。這亦證明了我上講所說，每一國家民族的歷史，必有其特殊性，必有其與其他國家民族的歷史不同之處之一說法了。中國歷史自有其與其他國家民族不同之特殊性，而最顯見者卻在政治上。亦可說中國民族性擅長政治，故能以政治活動為其勝場。能創建優良的政治制度來完成其大一統之局面，且能維持此大一統之局面歷數千年之久而不敗。直到今天，我們得擁有這樣一個廣土眾民的大國家，舉世莫匹，這是中國歷史之結晶品，是中國歷史之無上成績。因此研究中國史，該特別注意其政治制度之一面。中國歷史，二千年前是封建政治，後二千年是郡縣政治。從前的中國人，人人俱知，但到現在的中國人，對此分別，卻有些不明白了。近人好說封建社會，其實今天所謂的封建社會，乃是西方歷史上的產物，只因中國人拿自己固有的「封建」二字，來翻譯西方歷史，遂有此一名詞，以至中西雙方混淆不明，這實在是不妥的。

中國在西周初年，周公創出了一套封建制度。其實這一套制度，本是連接著周公以前夏、商兩代的歷史傳統而來。只是經周公一番創作，而更臻於完美。此一套制度，其實即是把全國政制納歸於統一的制度。自天子分封諸侯，再由諸侯各自分封其國內之卿大夫，而共戴一天子，這已是自上而下一個大一統的局面。我們該稱此時期為封建之統一。在西洋歷史上的封建社會，則是在下面，不屬上層的。羅馬帝國崩潰了，各地亂哄哄，沒有一個統一政權。社會無所依存，於是一般人相率投靠小貴族，小貴族們又各自投靠依附於大貴族。他們在政治要求上，亦同樣希望有一統一政權，但卻無法實現。譬如築寶塔，由平地築起，卻沒有結頂。在他們那時期有所謂神聖羅馬帝國一名稱，則只是一理想，一空中樓閣，在人心想像中的一個影子組織而已。因此中西歷史上之所謂封建，原是截然不同之二物。可惜我們今天沒有人來詳細寫一部周代封建制度的書。

事實上在今天來寫此書卻不易，因關於此方面的材料，大都不在歷史書中，而分散在古代的經書中。今天我們大學開科設系，有史學，無經學。經學更少人研究，因此此項歷史上重大的專門題目，竟難覓位勝任愉快的人來撰寫。

周室東遷，封建制度瀕臨崩潰，乃有五霸乘時而起。據《春秋左氏傳》中記載，當時各地諸侯，為數不下兩百。在當時，國與國間種種交涉來往，仍多少遵守著周公所定封建制度下的一切禮文來維繫。此種禮文，在當時乃為霸業所憑。若無此種種禮，霸業亦無法出現。此種種禮，若用近代新名詞說之，實即是一種國際公法。我們可以說，中國之有國際公法，係在距今二千五六百年前。在清末，曾有人依照西方所謂的國際公法，來和春秋時代諸侯各國間種種交際來往的禮文作比較，寫一書，名《春秋時代的國際公法》。當時著過與此相類之書的，也不止一人。可惜此等書今俱亡佚難覓。客歲本人赴美講學，途經舊金山，晤華僑某君，彼正亦有意欲寫此書，聞已積有成稿，惜未能一讀其內容。竊以為此等比較研究，實非穿鑿附會。在中國，實自有那時一套國際間共同遵守之禮法，以之與近代西方的國際公法乃至聯合國憲章等相互對比，雖古今時代不同，然雙方不妨各有短長優劣。好在《左傳》全書俱在，人人可以把來作參證。

我們通常說中國自秦漢以下是統一之開始，其實此說亦宜修正。西周以下，中國早已具有統一規模了。只是那時是封建政治下的統一，而秦漢以後乃是郡縣政治下的統一。雖其間有些不同，但不能謂西周封建非統一。至秦漢以來的郡縣政治，到今天民國時代還存在，中國之永為一統一國，此項政治制度實貢獻過其甚大之績效。

三

講到此，有一問題須提出。即秦漢以下的中國，早非封建，而改行郡縣制度了。但秦漢以下人，仍崇拜周公、孔子為古代最崇高之聖人。其實，孔子乃係一位仍想恢復周公所訂之封建制度的人物，何以秦代大一統以後，封建制度徹底消滅，而周公、孔子仍受當時人崇拜？此問題之解答，首當注意到中國歷史文化之傳統性，政治制度則只是其中之一例。秦以後之政制，有許多精義，仍沿襲周制而來，直至近代皆然。但最近的我們，接受西方學說影響，遂若西周封建制度一無是處。而秦以下之政府，則只以「君主專制」四字目之。這因依照西方人說法，謂凡國體，可分為民主與君主。凡政體，可分為專制與立憲。於是謂世間政體不外三型：一、君主專制；二、君主立憲；三、民主立憲。但中國傳統政制，自秦以後有君主，無憲法，而又非專制。此項政體，實無法將之硬歸納入西方人所定的範疇格式之內。若我們不能確切抉發出中國歷史之特殊性，而處處只照西方人意見，把中國史硬裝進去，則中國歷史勢成一無是處。無怪近代的中國人，對自己歷史傳統如此輕視漠不關心，而又有人竟抱深惡痛疾的態度來對待國史呀。

講至此，憶起三十多年前，本人在北京大學歷史學系開講中國政治制度史一選修課，當時史學系學生多不願修習此課。彼輩認為此刻已是民主時代，開這門課，對時代講來沒有意義。後來還是北大法學院同學，受了該院院長及政治系主任的忠告，勸他們說，你們學的都是西方的政治制度，不妨也知道一些中國以往的，來作比較。因此他們倒有許多人來選修此課。開講既久，文學院歷史系學生也多來旁聽，擠滿了一講堂。這是三十多年前的事，到今天研究歷史的，已頗多知道中國歷史上傳統政治制度之重要，在此方面出版的著作與論文也日見增加，與我當時在北大開課時情形，顯然有甚大的不同了。

四

此刻要來講中國歷史上政治制度之傳統與沿革，茲事體大，殊非一小時之講演所能敘述。不得已，我想約略扼要舉出幾點來作例。最重要的，是秦以下的宰相制度，此乃中國政府組織中一極特殊的，在西方歷史上很少有同樣的制度堪與相比。我們可以說，中國自秦以下，依法制言，是王權相權駢立並峙的。王室與政府有分別，自秦以下，早有此觀念，而且此觀念極為清晰。王室世襲，表示國運之綿延。宰相更迭，則為政事之時新。在制度上，並未能像現代英國般，把來很嚴格地劃開。中國人並不認為一國之元首君主只許掛一空名，絕不許預問政治。因此君權與相權間，一面有許多融通，另一面亦可有許多糾葛。即如諸葛武侯〈出師表〉，其中有云：「宮中府中，俱為一體。」宮即指皇宮言，府即指政府言。可見在中國傳統制度及傳統觀念下，此宮、府兩機構是有分別的，而又可調和融通的。像法國路易十四所謂「朕即國家」之說，在中國傳統意見下，絕難認許。中國自秦迄清，大體說來，政府均設有宰相。最低限度說，在明以前是顯然有宰相的。明代廢宰相，但仍有內廷與外朝之分別。其間細節雖多變動，但大體制則沿襲不改。宰相以下，政府百官，在中國歷史上稱為「職官」，或稱官職。西方論政重權，中國論政重職。一官即有一職，職官即是政府組織中之職位分配。我們此刻稱「君權」「相權」云云，實由西方觀念來。實際中國政府僅有職位之分，無權力之爭。中國人稱權，乃是權度、權量、權衡之意，此乃各官職在自己心上斟酌，非屬外力之爭。故中國傳統觀念，只說君職相職。凡職皆當各有權衡。設官所以分職，職有分，則權自別。非在職位之外別有權。中國史有職官制，君亦一職，僅在百官之上，非在百官之外。又烏得有西方人之所謂君權專制。在中國，權在職之內，非有權始有職。此層分辨極重要，惜乎我在此刻不能暢為發揮。

近代只有孫中山先生，他懂得把中國傳統政制來和西方現代政治參酌配合。他主張把中國政治上原有之考試、監察兩制度，增入西方之行政、立法、司法三權，而糅合為五權憲法之理想。我們且不論此項理想是否盡善盡美，然孫先生實具有超曠之識見，融會中西，斟酌中西彼我之長，來適合國情，創制立法。在孫先生同時，乃至目前，一般人只知有西方，而抹殺了中國自己。總認為只要抄襲西方一套政制，便可盡治國平天下之大任。把中國自己固有優良傳統制度全拋棄了。兩兩相比，自見中山先生慧眼卓識，其見解已可綿歷百代，跨越輩流，不愧為這一時代之偉大人物了。

中國傳統政制，除宰相制度外，值得提及者又有考試制度。在中國政治史上，唐代始有考試制度，漢代則為察舉制度，均由官辦。唐杜佑《通典》第一章論食貨，即指經濟制度言。次章論選舉，但實際則由漢代察舉下逮唐代之科舉考試。可見考試由察舉來。察舉之目的在甄拔賢才，俾能出任政府官職，處理政事。但察舉非由民選，後因有流弊，唐以後始改行考試。杜佑《通典》之所以仍用選舉舊名，則因選舉制度原為考試制度之濫觴。制度雖變，用意則一。中國自秦以下之統一政府，又可說為是一士人政府，亦可謂是一賢人政府。因政府用意，總在公開察舉考試，選拔賢才進入仕途。

自東西交通，英國東印度公司首先採用我國考試制度，任用職員。其後此制度遂影響及於英國政府，亦採用考試，成為彼國之文官制度。其制實係模倣我國而來。後來又影響到美國。但他們實只學了中國考試制度之一半，而仍保留著他們自己傳統的政黨選舉制度。凡屬政府上層主要職位，如總統內閣首相國務院及各部首領，皆由政黨中人出任，只下面官吏則酌採考試選拔。過去數十年來，中國的海關郵政和鐵路等各機關，因有外國力量羼入，亦均從考試量材錄用，比較上軌道。此項制度，好像學自英國，其實則是吾家舊物。而在政府用人方面，卻轉把舊傳統中的考試制度遺忘蔑棄了。只有中山先生主張仍用考試制度，設立考試院為五院之一。但此後並未能遵照中國舊傳統切實推行，實已名存而實亡。此一制度，可說是我們中國的民主政治。惟王室君主是世襲的，宰相以下政府各級官吏，均須公開察選以及考試，循序登進。此項制度，顯然可成為現代潮流世界性制度的一部分。但中國人則自加忽視，今天雖有考試院之存在，而反不為我們自己所看重，這實在是大可惋惜的。

五

在中國傳統政制中，上述宰相制與考試制屬於政府方面。現在再略舉幾項制度之有關其他方面者。首先述及有關社會問題的，如戶口調查。在我幼年時，曾聽大家眾口交譽西方人有此好制度，而中國則無。其實中國自周代以下，直到清代初期，都有戶口調查一項。中國古書常連用「版圖」兩字，版字即指戶籍，即從戶口調查而來。在我國歷史上歷代戶口均有紀錄，其調查戶口登記戶籍之手續與方法，若有人肯根據史籍作為專題寫一論文，雖不能系統詳盡，但至少可寫成十萬字以上的專書。此書至少可使人知道現代世界性的戶口調查，在中國歷史上已有兩千幾百年之演變。

又如在中山先生的〈民生主義〉中，主張耕者有其田。此一口號，亦自中國傳統政制來。今天，自由中國推行土地改革有效，賴此使國民政府獲得國際聲譽。其實此一制度，亦是中國舊傳統政制中所有。中國向來土地制度之因革演變，雖歷代各有不同，而大體可謂是朝此一目標而努力。此亦是中國舊政制在現世界潮流中，仍值得重視之一項。

其次說到軍事制度。在五十年前，我常聽人說西方國家的軍事制度好，尤其是他們能推行全國皆兵制，而中國獨否。但西方推行全國皆兵，實自普魯士開始，為時不到兩百年。而在中國則古已有之。漢代早是全國皆兵，此下歷代兵制雖遞有改變，但如唐代的府兵制度，明代的衛所制度，皆由兵農合一制演變而來，並可說較全民皆兵制更進步。直到今天，西方的全民皆兵制，何嘗不是日就廢替了。可見中國歷史上的兵役制度，直到今天，亦仍有現代性世界性之意義，而值得再加研究。

又有人說，中國從前的軍閥和督軍為國大害，而盛贊西方政制限定軍人不干政之精美。其實此種文武分職，軍人不干政的制度，在中國又是古已有之，亦屬中國舊制中一項優良的傳統。漢唐盛時莫不如此。軍人統兵歸來，僅有爵位勳級，地位儘高，待遇儘厚，但在政府中並無實職，不能預聞操縱政事，正與近代西方政制如出一轍。

此下再講到有關經濟制度方面，如漢武時代所創始的鹽鐵政策，即就近代觀念言，亦係一種頗為進步的經濟政策。西方所謂國家社會主義的各項經濟制度，實肇始自德國俾斯麥。但中國在漢代遠已有之，由政府來統制鹽鐵官賣。直到清代，中國社會從未能有壟斷性的大資本家出現，即是此項政制之績效。中山先生提倡民生主義，有節制資本一口號，其實亦在中國傳統政制中有淵源。中國社會，自戰國以下，自由工商業即甚趨繁榮，但永不能產出資本主義，即由此故。故在中國歷史上此項有關節制資本的一切制度，在現代世界潮流中，實仍有值得注意探討研究的價值。

又如漢代的平準制度，此乃一種調整物價的措施。此制度在中國歷史上不斷變通運用。即如糧價一項，遇豐年時，政府以高價收購過剩糧食，以免穀賤傷農。待到荒年季節，政府便以低價大量抛售積穀，寓有賑濟貧民之意。此項制度，隨後由社會上用自治方式推行，即所謂社倉制度。據說美國羅斯福執政時，國內發生了經濟恐慌，聞知中國歷史上此一套調節物價的方法，有人介紹此說，卻說是王荊公的新法。其實在中國本是一項傳統性的法制。抗戰時期，美國副總統華萊士來華訪問，在蘭州甫下飛機，即向國府派去的歡迎大員提起王安石來，深表傾佩之忱。而那些大員卻瞠目不知所對。因為在我們近代中國人心目中，只知有華盛頓、林肯。認為中國一切都落後，在現代世界潮流下，一切歷史人物傳統政制，都不值得再談了。於是話不投機，只支吾以對。

再次講到中國從前的地方自治和藩屬統治制度，直到現代，也是值得再提及。西方此一二百年來，帝國主義大行其道，英、法等國都擁有大量海外殖民地，他們乃自羅馬傳統而來。但在中國，自秦以下，版圖雖大，統一政府所轄範圍雖廣，其政制則是郡縣的，不得以西方傳統的帝國相比擬。但今天的中國人，事事喜歡模倣西方，因此隨口常稱「漢帝國」「唐帝國」云云。難道漢唐時代的中國人，除卻其中央政府所在地以外，各郡縣便均以殖民地視之，均以帝國征服方式來統治的嗎？試看漢代選舉，唐代考試，對全國各地人才，一律平等看待，各地均有人士平均參加政府。一應賦稅法律等，亦是全國平等。此等規模，豈能與現代西方帝國之殖民地統治相提並論？即就清代之藩屬統治言，亦尚有中國傳統美意存在，實在還值得今天我們來再行研討呀！

又如中國社會上之宗教信仰，向來是十分自由的。而政府則有一套制度，對此民眾信仰，有頗為開明的管制與調節。因此在中國歷史上，政教分離，又是自古已然，並亦極少有因民間信仰衝突而釀成宗教戰爭的。直到今天，還未有人能仔細來加以研究。我想在中國歷史傳統中，宗教與政府與社會三方面如何配合，於自由開放之中，有其節制調整之用心的種種制度，在今日依然值得注意。

以上只就中國傳統政制，分從各方面隨便舉出幾項，用來說明在此刻來研究中國以往傳統政制，實未見與現代世界潮流有十分隔膜之感。我曾說過，中國傳統政制，乃是貫通於中國全部歷史進程中，而占有極重要分量之地位者。如此說來，可見研究中國史，自未見即與現代世界潮流有渺不相涉的距離存在了。

六

近代的中國人，只因我們一時科學落後，遂誤認為中國以往歷史上一切文物制度全都落後了。此實是一種可笑的推斷。最低限度講來，中國人所一向重視不斷講究的修齊治平之道，較之並世各民族，斷不能說是落後。此一分辨，近代惟孫中山先生最先提出。而且據孫先生意見，中國人所講治平之道，實在比之並世諸民族遠為先進。惟孫先生亦只是粗枝大葉地有此看法而已。若要來仔細發揮闡述，自然應該是有志研究史學者的責任。

今天我們要研究中國制度史，必須注意兩點：

一、研究制度，不該專從制度本身看，而該會通著與此制度相關之一切史實來研究。這有兩點原因，一因制度必針對當時實際政治而設立而運用。單研究制度本身而不貫通之於當時之史事，便看不出該項制度在當時之實際影響。一因每一制度自其開始到其終了，在其過程中也不斷有變動，有修改。歷史上記載制度，往往只舉此一制度之標準的一段落來作主，其實每一制度永遠在變動中，不配合當時的史事，便易於將每一制度之變動性忽略了，而誤認為每一制度常是凝滯僵化，一成不變地存在。

二、研究制度，必須明白在此制度之背後實有一套思想，與一套理論之存在。在西方歷史上，所謂政治思想家，他們未必親身參預實際政治，往往只憑著書立說來發揮其對於政治上之理想與抱負。如古代希臘之柏拉圖，如近代歐洲之盧騷、孟德斯鳩等人皆是。但中國自秦以下即為一種士人政府，許多學者極少著書純講政治理論。這並非中國人沒有政治理想，乃因他們早多親身參預了實際政治，他們所抱負的多少可在實際政治上舒展。當知中國歷代所製定所實行的一切制度，其背後都隱伏著一套思想理論之存在。既已見之行事，即不再託之空言。中國自秦以下歷代偉大學人，多半是親身登上了政治舞臺，表現為一個實踐的政治家。因此其思想與理論，多已見諸其當時的實際行動實際措施中，自不必把他們的理論來另自寫作一書。因此在中國學術思想史上，乃似沒有專門性的有關政治思想的著作，乃似沒有專門的政論家。但我們的一部政治制度史，卻是極好的一部政治思想史的具體材料，此事值得我們注意。

七

我根據上述，敢於說，中國人自古代歷史開始，實已表現有一種極大的民族性的天賦能力，即是政治的能力。就空間講，能完成而統治此廣大的國土。以時間言，能綿延此一大一統規模達於幾千年之久而不墜。此何以故？一言蔽之，因其能有一種良好的政治故。何以能有此良好政治？則因中國民族天賦有此能創立優良政治制度之能力故。故我說創制立法，是中國人天賦上一種優異表現。試舉一簡單易明之例，如中國的賦稅制度，全國各地租稅全是一律。而且能輕徭薄賦，主張藏富於民。只要此制度一訂立，便易獲得全國人民心悅誠服。社會便可藉此安定幾百年。縱有變壞，經一番亂事之後，此項制度又復活了。此事似極尋常，不值得我們來誇大宣揚。但以此和西方歷史比觀，他們的賦稅正為沒有制度，遂致引起革命，產生近代的民主政治，一切預算決算都要由民選議會來通過。現在我們偏愛說中國人無法制，無定憲，永遠在帝王專制下過活，那豈非冤枉了中國歷史。這因我們自己不瞭解自己以往的歷史，遂誤認為自己以往一切完全要不得，於是只想抄襲別人。即就家庭作比，各國家庭，各有貧富職業種種不同，那有能全部抄襲別人家的一套規模，來應用於自己家庭，而可以獲得理想安樂的？何況是一個國家和民族，而立國規模卻要完全向外國去學習模倣，那實在是近代中國一悲劇。

近代的中國人，每每誇耀西方，如電燈，如無線電，如原子彈和火箭等，莫不是別人家在發明。一切近代科學確是如此。但我要試問，如中國歷史上一切傳統政制，如上述宰相制度、選舉制度、考試制度和賦稅制度等，這不是一種發明嗎？這究是誰在發明的呢？我們歷史上的古人，他們究向何處抄襲這一套，而把來傳入中國的呢？我之欽佩孫中山先生，正因他不但能採人之長，補己之短，同時亦能不將自己的優良歷史文化傳統一筆抹殺。他的偉大處，在能確見中國人在政治方面之高明處，實早已淩駕在西方之上。孫先生此說絕非無據。孫先生固不是一位史學家，但他對中國傳統政治之優點，已能洞若觀火。在這一點上，他確是近代一位先知先覺者。

國家之存在，民族之綿延，歷史之持續，自當有隨時革新改進之處。但從沒有半身腰斬，把以往一刀切斷，而可獲得新生的。我們要重新創建新歷史、新文化，也決不能遽爾推翻一切原有的舊歷史、舊傳統，只盲目全部學習他人，便可重新創造自己。這並不是說西方民主制度有什麼不好，但西方有西方的傳統來歷。即如英國和美國，他們的民主制度即已各有不同。中國有中國自己的國家、民族與歷史傳統，幾千年來的國情民風，有些處迥異於他邦。若中國人不能自己創制立法，中國今後將永遠無望。至如最近大陸所提倡的一面倒主義，我們固知其決然行不通，但我們若只知向外抄襲，不論是民主抑是共產極權，又何嘗不同是個一面倒呀！

我們今天來研究中國政治制度，一面固當比較參考西方的，固當要能追上世界潮流，但亦不可數典忘祖，我們實無此能力來把自己腰斬了而還能生存。我們若從頭再來研究中國傳統政治，第一步不妨先加以分門別類。如政府組織、地方自治等項目，一一弄清楚了，然後再彙在一起。在須能看其乃是一整體。又須能配合現實，坐而言，能起而行。當知政治理論並不是紙上談兵。在中國古人中任何舉出一兩位，如董仲舒、司馬光，他們都絕不單是一書生。他們之作為中國的政治家，都是有抱負而又能見諸實施的。又如唐初名相如房玄齡、杜如晦等，他們創立出一套制度來，垂之幾百年，即朝代換了，亦並不能完全蓋過他們，超越他們。這是中國政治家之偉大處。我們今天如能有人來寫一本中國傳統政治制度史，或中國歷史上的大政治家這一類書，必可對此下國人發生大影響。這是我所要講的如何研究中國政治史的大概。

第三講　如何研究社會史

一

今天是講「如何研究中國社會史」。

大凡一個國家或民族，能維持一長時期的歷史，到數百年或千年以上，並能有繼續不斷的發展與進步，即此可證此國家與民族，必有其一番潛在深厚的力量存在。必然有其獲得此項成績之主要原因，為其歷史發展與進步之所以然。我們最要者，當上察其政治，下究其社會，以尋求此潛力所在。關於政治方面，我已在上次講過，此講繼論社會。中國社會堅韌性最大，持續力最強，故能延續迄今有四千年以上之悠久傳統。而且又是推拓力最大、融化力最強。故即就目前世界論，中國社會依然最廣大，能伸展到世界每一角落去。

社會一詞，亦是外來的新名詞，中國古人稱社會為「鄉」。鄉的觀念，在中國一向極受重視。所謂觀於鄉而知王道之易，這就十足透露中國古人對於社會重要性之認識。但西方人注意社會問題，則係近代的新觀點。尤其是馬克思，主張把社會形態來劃分歷史進程。他把西方社會分別為三形態：一曰奴隸社會，二曰封建社會，三曰資本主義社會。馬克思把此三種社會形態來配合於西方歷史上古、中古、近代之三分期。他說，上古希臘、羅馬時代是奴隸社會，中古時期是封建社會，近代則是資本主義的社會。他並推斷此後則必然為共產社會無疑。馬氏的唯物史觀及其共產主義之理論及預言，固為一般西方人所懷疑，且多持異議者。然西方史家終亦無法否認馬氏所指出的社會三形態。因馬氏所言之三形態，乃根據西方歷史之已成事實歸納來說，並非向壁虛構。

但就我們東方人看法，則馬克思之歷史知識實僅限在西方，彼所分別之社會三形態，是否可運用之於中國社會，則確係一大疑問。本人在首講中，已指出任何一國與一民族之歷史，必然會有其特殊性。我們決不認為世界人類歷史，乃遵循同一軌道演進，而相互間可以更無異致者。不幸的是，我們現代的中國人，在辛亥革命前後，大家說中國自秦以下兩千年只是一個專制政治。自五四運動前後，大家又說，中國自秦以下兩千年只是一個封建社會。此種說法，只是把中國歷史硬裝進西方觀念中，牽強附會，實際毫無歷史根據可言。我在此講中，擬扼要指出兩點歷史事實，來證明中國社會決不能和西方中古時期之封建社會相提並論，以摧破近代中國人此番無據之讕言。

我在上次已說過，西方封建社會乃起於北方蠻族入侵，羅馬帝國崩潰之後。此時不僅在上無一個統一政府，連地方政府亦無法存在。社會上各自投靠依附於較大勢力者以求自保。如是自下而上，逐層築起了一種封建的架構。我們通常說，西方封建社會中，有貴族與平民兩階級。自經濟觀點言，貴族即是大地主，平民則是地主屬下所統轄的農奴。但在中國歷史上，自秦迄清，在上始終有一統一政府。統一政府之下，並有郡縣地方政府。是否可說那時社會上的知識分子即等於西方封建社會中之那輩大地主？中國社會知識分子固亦有擁田產收田租者，可是在他們田產上從事耕種的民戶，是否亦相等於西方封建社會下農奴的身分？首先中國社會知識分子，並非即是封建貴族。其次絕大多數農民，都係屬於統一政府下之自由公民，則如何可說中國社會即相等於西方中古時期的封建社會呢？

西方封建社會之地主階級，是世襲的貴族。但中國歷史上之土地兼併，則係民間一種自由買賣。一輩士人經選舉或考試，獲得政府職位，藉其俸祿所入而購置些少田產，自屬在所不免。但此等地產，並無明定世襲之權利。往往傳經一兩代之後，又轉為他人所有。而且中國歷史上之知識分子及士大夫階層與其耕戶，同樣都受政府法令統制。在經濟上言，貧富自有差異。在法律上言，則無顯著之身分分別。國家對於裁抑兼併及平均地權，屢有新法令之規定與措施。如何說中國秦代以下的社會，便與西方封建社會相同？

再就另一點言，我們都知西方封建社會之崩潰，係由自由工商人即中產階級在城市中興起，因而自由資本主義社會替代了封建社會而興起。但中國歷史上之城市，頗多綿延有二千五百年以上的長時期。即如廣東省番禺一城，秦始皇設三十六郡時，番禺即為南海郡之首府，距今在兩千年前。又如江蘇省之蘇州，即吳縣，此城在春秋時為吳國首都，直傳至今，已有兩千五百年以上之歷史。此外如春秋魯國都城曲阜，至今殆已有三千年之歷史存在。諸位讀西洋史，當知城市不在封建社會系統之內。近代西方城市興起，在西方史家有許多專書敘述。但中國歷史上之城市，則同時為政治與工商業之中心。而在春秋時代，城市工商人已有其一分在政府法令保護下之自由。例如春秋魯昭公十六年，晉卿韓宣子欲向鄭國取回一對玉環之一，但鄭子產告以此環乃在賈人之手，政府無權向之索取。韓宣子又欲直接買諸商人，子產又告以鄭國政府無權過問而作罷。舉此一例，自由工商業在春秋時已存在，戰國以下更不論。上面有統一的政府，下面有自由工商業，試問在此情況之下，是否會有如西方中古時期封建社會產生之可能呢？

惟其中國歷史是一貫綿延從未中斷的，因此中國城市能有二千年以上之歷史綿延者，為數甚多。遠在春秋時，城邑可考者當達兩百左右，其間則有迄今超越三千年以上之長時期存在者。自秦漢推行郡縣制，每縣必有一城為其治所。漢元帝時，縣邑一千三百餘，此一千三百餘城邑，其沿革都可考，至今絕大多數依然在原地址存在，或略有遷移。其城郭建置，自已經過不少次之改修與新建。要之，這些城市，不僅作為一政治中心，同時亦是一工商業中心。環繞著它的四鄉，即憑此作為一物資集散之樞紐。此和西方中古時期之城市，獨立於當時封建系統以外者大不同。

論到中國城市之商業情況，在戰國時，齊國首都臨淄，已有居民七萬戶。論其口數，應在三十萬以上，或可達五十萬。如唐末黃巢之亂，廣州一城死於戰亂之番胡，為數有十萬之巨。又如宋代金烏珠南侵，蘇州一城死者達五十萬。至如揚州城，自唐迄清，始終為一大商業中心，所謂「腰纏十萬貫，騎鶴上揚州」，可想像其市場繁榮之一斑。至如歷代首都所在地，如西漢之長安、東漢之洛陽、南北朝時代南方之金陵、北方之洛陽。唐代之長安、洛陽。宋代之汴京、臨安。遼、金、元、明、清歷千年上下之燕京，其居民之繁夥，商業之旺盛，皆有史冊可稽。如謂此等城市，乃是散布在封建社會中，而能相互融為一體，試問可有此說法否？在中國歷史上，中國社會和西方封建社會比較最多相似處，似當在蒙古統治下之元代。但我們若一讀馬可波羅之《東方遊記》，便可感到即在元代，東西雙方社會情形之仍不相似處。無怪西方人讀馬氏書，要認他為信口開河，像神話一樣底不真實了。

二

上面只說了中國傳統社會決不如西方中古時期之封建社會，來破近人之讕言。但中國社會究是何等樣的社會呢？有人說，若非封建社會，則定是奴隸社會或資本主義社會了。我們當知中西歷史並不定限在同一軌道上前進，中國歷史有中國歷史之特殊性，中國社會亦自有其特殊性所在。西方人做學問，喜創新名詞，但西人所創名詞，未必即適用於中國。我們若問中國社會究是何等的社會，我們只能自鑄新詞，再作解釋。若一味抄襲，把中國社會說成為「亞細亞式的封建社會」，或「前期的資本主義社會」等等。如此牽強比附，終無是處。我認為中國社會之最特殊處，便是在中國社會中同時有士、農、工、商之四民。若我們必為中國社會定一名稱，則不如稱之曰「四民社會」，較為合宜。在此四民中，士之一民最為特色。其他社會中，很難找出和它同樣的流品。春秋時，中國社會尚顯分貴族平民兩階級，但在此時，士之一流品已漸興起。士、農、工、商四字連用，始見於戰國時代人書中。自秦以後，中國古代之封建貴族已全崩潰，於是四民社會遂正式成立。我認為直到今天，四民社會一名詞還可適用。

但歷史常在變動中。秦以後兩千年來，中國社會不能沒有變。我試就此兩千年來之中國社會再為劃分，其最重要的劃分標準，則乃側重在社會中士的地位之變動上。就中國歷史大傳統言，政治與社會常是融合為一的。上下之間，並無大隔閡。其主要關聯，則正在士之一流品。士是社會的主要中心，亦是政府之組成分子。中國向稱耕讀傳家。農村子弟，勤習經書。再經選舉或考試，便能踏進政府，參與國事。故士之一流品，乃是結合政治社會使之成為上下一體之核心。我將試照中國歷史上關於此一方面之變動情況，來為中國社會再細加劃分，約略可有下列之數時期：

一、游士時期：此為春秋末貴族階級崩潰，士人新興之一轉型期。先秦諸子百家，自孔子儒家始，此下像墨子、孟子、莊子、荀子、老子，乃至戰國策士如樂毅、魯仲連以及公孫衍、張儀等，他們各懷一套理想，或抱一片野心。有的憑其人格感召，有的鼓其如簧之舌，周遊各國。朝秦暮楚，所謂「孔席不暇煖，墨突不得黔」。不遑寧處，以期行道得志於天下，因此而有百家之爭鳴。上面結束了春秋時期的封建貴族社會，下面開起秦漢以下之士族新社會。我們可姑名此時期為「游士社會」。

二、郎吏時期：此一段時期指兩漢言。我初定此名，心甚不愜。因稱郎吏社會，不易使普通人瞭解，此非稍熟漢代制度不可。因此又擬改稱為「察舉社會」。此一時期之士人，都須經過察舉才得從政，亦或可稱為「太學生社會」。因當時的察舉，多須先經太學生階段。總之，此一時期，上面的政府已變成士人政府，而士人參加政府之路徑，首先是為郎為吏。士人得為郎吏之資格，則因經地方察舉獲入太學。故我擬為此一時期之社會定此名稱。逮士人在政府方面正式奠定其仕途，於是其在社會上之地位與身分亦逐次提高增漲，於是在此時期之後半段，漸有士族興起。我們亦可稱之為「士族興起的時期」，或徑稱「士族社會」。

我們亦可說，封建貴族崩潰在春秋之末，而士族興起則在東漢之初。而自戰國至西漢，全為此兩個社會之轉型期。

三、九品中正時期：此在魏晉南北朝時。此時期也可稱為「門第社會」。乃承接兩漢士族興起，而達於士族全盛之時期，亦可稱為「士族確立時期」。但我們不能即認士族或門第為封建，因當時仍有一個統一政府臨制在上，而下面復有自由工商業資產階級之存在。此項士族與門第，則因其為溝通政府與社會之一橋樑而特占地位，卻與西方中古時期之封建貴族仍不相同。

四、科舉時期：唐代科舉制度產生，而門第社會逐次崩潰，又為社會一轉型期。下及宋代，魏晉以來相傳大門第，幾乎全部消失。此下便成為近代中國的社會，即「白衣舉子」之社會。此種移轉，本極重要，但因其只是漸變，非突變，故不易為人覺察。近人梁任公曾說：「中國歷史上沒有革命，只有造反。」此語亦對。若要在中國歷史上尋找像西洋史上的激烈革命，事殊不易。中國社會只在融洽的氣氛下逐步向前推移，並不能在倉卒間用暴力推翻這個，再在霎時間陡然來興起那個。如先秦時期的封建貴族崩潰，唐代之士族門第崩潰，皆是社會內部之大變。但此等變化，皆在和平中展演，非關革命，故使人不覺。我們亦可稱唐代科舉為「門第過渡時期」。

五、進士時期：科舉進士，唐代已有。但絕大多數由白衣上進，則自宋代始。我們雖可一并稱呼自唐以下之中國社會為「科舉社會」，但劃分宋以下特稱之為「白衣舉子之社會」，即「進士社會」，則更為貼切。我們亦可稱唐代社會為「前期科舉社會」，宋以後為「後期科舉社會」。當然到了明、清時代，科舉制度又已略有差別，略有變化，但我們卻可不必再為細分了。

我們亦可稱西漢時代，為戰國諸子百家中孔孟儒家獨出得意的第一時代。此下東漢時期，印度佛教東來，中國道教繼起，幾乎由宗教勢力來代替了傳統的士勢力。宋代則為孔孟儒家獨出得意的第二時代，傳統的士勢力幾乎又漸代替了宗教勢力。所以中國秦以下之士傳統，尤以漢宋兩代為代表。清代之有漢學宋學之分者，其要由此。

馬克思對社會演進的看法，主要以生產工具影響經濟發展之觀點為出發，推論至極，遂成為一種唯物史觀。我講中國歷史，則將社會中「士」的一階層之地位變化，來指出中國社會演進之各形態。此乃就事論事，根據中國歷史社會實況，而分別為以上各時期。卻非先立下了一種哲學的歷史觀，來勉強作此支配。我之此說，亦僅在提供治史者作參考。如諸位能在此外有更好的分法，自可繼續提出，再作研討。總之，歷史事實俱在，無論何種看法與想法，須求不背歷史真實，則是一大原則。

茲再據鄙意簡括說之。士為中國四民社會中一領導階層，農則為中國四民社會中之基本階層。

其他工商兩業，留待下次細講。要之，我們該根據歷史實事求是，作客觀之分析。西方人自據西方歷史來作研究對象，其所得結論，未必可以全部搬到東方社會來應用。又且我們中國社會綿延四五千年，一貫禪遞而來。故家遺澤，積厚流光。其所以能有如此之內蘊，必有值得我們作縝密精詳推求之必要，則斷無可疑。

三

現在再略述研究中國社會史之有關書籍材料的問題。普通意見，認為中國史籍一向只專重在上層政治史方面，關於下層社會史方面之資料甚感缺乏。實亦不然。從中國文化傳統觀點言，中國一向注重下層社會，更過於其注重上層政治，那有對此方面之史料反付缺如之理。主要是中國史籍之記載方法，自有一套體例。若我們不先明白其體例，便不知何項材料應向何種書中或書中之那一方面去找尋。即就正史論，其中所包有關社會史之材料已甚豐富，只我們未經細讀，不知別擇，遂誤認為中國正史中對社會下層史料不加注意。此事牽引太遠，在此且不深論。此下當特別提出某幾種特別材料，為研究中國社會所宜注意者。如我們有意研究唐以前的中國社會史，則有兩種中國古學必須注意。一是氏姓之學，一是譜諜之學。此兩種學問，其實仍是相通，可合作一種看。關於秦漢以前氏姓之學譜諜之學之有關中國史之研討處，此亦略去不論。僅自漢代起，在當時社會，開始有士族興起，又轉成為大門第。整個社會便把氏姓譜諜來分別士庶，至今流傳社會之《百家姓》一小書，則成於宋初。諸位莫謂《百家姓》只是一冊通俗小書，在此通俗小書中，正可指示研究中國社會史一項特該注意的要目。古代有關氏姓譜諜各項材料，在《百家姓》此一小書之前的，現在都不完備存在，有待我們去稽鉤考索。但在《百家姓》以後，中國社會家譜盛行，此項材料，到處可得。但從最近此一百年到五十年來，各姓家譜急速散失，只能在某些大圖書館中去查閱了。但真要瞭解中國社會之特殊性所在，此項材料，總是不得不注意。

我們可以說，「家族」是中國社會組織中一最要的核心。但唐以前，族之重要性尤過於家。宋以下，則家之重要性轉勝於族。而家與族之所由組成，以及其維持永遠之重要機能，則在「禮」。要研究中國社會史，不得不瞭解在中國社會相傳所重視之禮。禮之研究，有極專門的，但亦有極通俗的。如婚喪喜慶均有禮，而喪禮尤要，因喪禮與宗法相通。在唐代杜佑《通典》中，關於此一方面之材料，搜羅尤備。此因魏晉南北朝下迄唐代，正是門第鼎盛之時，故杜佑作《通典》，在此方面特所注意。自宋以下，中國社會已變，故馬端臨作《文獻通考》，在此方面即忽略了。除宗族禮制外，中國一向有家訓家教等一類書籍與散篇文章，流傳保存下來的為數也不少，此等也該注意，可與上述材料共同研尋。

除上舉的一宗史料之外，研究中國社會史尚有另一種史料當注意，便是方志。中國地方志書，實是豐富美備。宋以下，省有省志，州有州志，府有府志，縣有縣志，甚至書院學校有志，寺觀廟宇有志，鄉里社團有志，山林古蹟有志，分門別類，應有盡有。論其卷帙，真所謂處則充棟宇，出則汗牛馬。近代西方人士對中國之家譜與方志皆特別重視，正因此兩者係西方史籍中所無。但在中國近代潮流所趨，此兩項著作體例，新的已絕難繼越，舊的也快沒人理會，這誠是大可惋惜的。

方志為書，溯其淵源，甚為遙遠。清代《四庫提要》上說，古之地志，載方域山川風俗物產而已。《元和郡縣志》頗涉古蹟，《太平寰宇記》增以人物，又偶及藝文，於是為州縣志書之濫觴。我們亦可說，原先注意的只在地理和政治方面，以後逐漸轉移到社會和人物方面來。大致是時代變，社會情勢變，史書體例與內容自亦隨而變。其實中國方志，自宋以下，已逐漸走上了成為各地的社會史之途徑。惟因開始是由志地而起，後人太過注重在此類著述之體例之來歷上，卻沒有注重在此類著述之內容之衍變上。因此究竟方志該重在地理方面，抑該重在歷史方面，直到清代儒家如戴東原、章實齋等，尚在爭辯不決。但我們用現代眼光來看，中國方志在不知不覺中，其實早已走上了一種社會史的道路，至少也已是在方志中保留了絕大部分各地的社會史料，這是更無可疑的。

就後代一般的方志體例言，其所記錄，舉凡其地之大自然、天文氣候、山川形勢、土壤生產、城市關隘、道路交通、風土景物、鄉俗民情、歷史變遷、政治沿革、經濟狀況、物質建造、人物面相、宗教信仰、學校教育、文化藝術等，凡屬有關其地之各種情狀演變，分類列目，靡不畢載。我們只須一翻各方志之分類目錄，便知其內容所述，大體均與各地社會史料有關。我們若要研究社會史，本該將其社會之大自然背景、歷史沿革、政治、經濟、物質建設、藝術愛好、人物德性、風俗、信仰等種種方面，綜合會通，融凝如一地來加以研究始得。若依此理想，則中國的方志，正是研究中國各地社會史之絕好材料，其意義自躍然可見了。

要研究中國方志，其事也可分幾方面下手。一方面將中國各地方志歸納起來作綜合研究，看出其間之共通性與傳統性。然後再從另方面把各地域分開來看，看其各自所有之個別性與特殊性。自時間來說，並可劃分各時代，看其演變趨向之大勢。所惜是近代中國學術界，尚未在此方面能用大力來真實發掘。鄙意若要研究中國社會史，除正史外，最要材料，若能用中國的地方志與家譜配合參究，必然可能有許多寶貴的發現。所以特地在此提出，請諸位有志作此項研究者注意。

四

其次，當注意的便是，要研究社會史，應該從當前親身所處的現實社會著手。歷史傳統本是以往社會的紀錄，當前社會則是此下歷史的張本。歷史中所有是既往的社會，社會上所有則是現前的歷史，此兩者本應連繫合一來看。我常謂社會譬如一個庭園，裡面有林林總總的花草樹木，其中有幾百千年的盤根老樹，也有移植不到一月幾旬的嬌嫩芝卉。在同一橫斷面下，有不同之時間存在。以此來看社會，有的習俗流傳至今已有幾千年以上的歷史了，但也有些是今天剛產生的新花樣。此社會之橫切平斷面，正由許多歷史傳統縱深不同的線條交織而成。社會就是歷史進程的當前歸宿，社會是一部眼前的新歷史。歷史家把歷史分為上古、中古、近代和現代，但還有眼前史。此當前的社會，呈顯於我們面前之一切，實為最真實最活躍的眼前史。

我試給他起一名稱，我將戲謂之「無字天書」，一部無字的歷史天書。此外一切史書著作，只都是「有字人書」。有字人書的價值遠不能超過了無字天書。中國古代大史學家司馬遷早就悟到於此，所以他在寫《史記》以前，便從事於遊歷，遍到各地親眼觀察，讀通了這一部無字天書，才下筆來寫他的有字人書。但我們今天也得反過來講，我們也須能先讀通了有字人書，才能來瞭悟此無字天書。否則縱使此一人終身生活在某一社會中，可以不認識此社會。縱使他畢生在此世界上周遊，亦可不瞭解此世界。可見「無字天書」該與「有字人書」參讀。歷史是已往的，社會是現存的。如說社會是一個發光體，那麼歷史就是這一發光體不斷放射出來的光。必待有某樣的社會，始能產生某樣的歷史。一切有字人書，全本此無字天書而寫出。因此各位如要研究歷史，不該不落實到現實社會。諸位如欲瞭解此現實社會，也不該不追究到已往歷史。此兩者，總是不可偏廢才好。

若各位能懂得了眼前的那本無字天書，再進而往上追溯，由本鄉本土各方志所載，再追溯到各項史籍，這始是考尋始末，窮原竟委。原即指歷史言，委即指社會言。但話雖如此，當我在講此番話時，我心上卻覺十分難過。姑就我一人的生活言，自十歲開始有知識起，這六十多年來的中國社會，一回溯，全上心頭，真可謂世變日亟，人事全非。中國社會在此六十年中，驚波駭浪，層翻疊起。使人置身其間，大有眼花撩亂，目不暇給之感。這社會變化委實太大了。在抗戰時期，我避難後方，得遍經華南及西南地區，如湖南、廣東、貴州、雲南、四川各省，凡所到，覺得那裡的社會尚保存著很多傳統的古老風情，尚如我幼年時在江浙所見。但抗戰時的江浙，已早不是那情形。尤甚的，如今天大陸上的變化，想來將更是急劇而巨大。儻我們仍想根據今日眼前所見，來追究已往，在此研究中國社會史一大題目上，這項工夫真是大大不易。昔孔子作《春秋》，曾分為所見、所聞、所傳聞之三世。我們此刻，需能好問多聞，越過此所見、所聞、所傳聞之一百年，才能把我們眼前這一本無字天書，向上喞接到前代人的有字人書上去。然將仍嫌文獻不足。這是一個文化脫節的時代。若我們將來返回大陸，那時的中國大陸社會，將更是面目全非，社會上根本一切都被腰斬了。苟非有大智慧、大學問，無疑在此一大浩劫、大悲劇之後，即使要做此一番連貫研究的工作，也甚不易呀！

但話雖如此，究竟當前的中國社會，依然是一個傳統的中國社會。前幾年，本人有機會去南洋，曾作過幾次講演。有一次，講及與中國社會有關的問題，我曾說：「中國人來海外，是隨帶著中國的社會而同來的。換言之，是隨帶著中國的文化而俱來的。亦是隨帶著中國的歷史傳統而俱來的。」證據何在？即在目前南洋各埠到處所表現的華僑社會那幾本無字天書上。甚至遠在歐美各地的華僑，他們雖然寄居異鄉，可是只要有華僑聚居，仍可看出他們是生活在一個中國社會中。華僑去海外，他們都是赤手空拳，孤軍奮鬥，而且是在占有絕對優勢的其他民族的歧視排擠與巨大壓力下，而能憑他們的一分智慧技巧和勞力血汗，來爭取他們的生存。甚至在異邦他鄉，也能頭角崢嶸，各有他們對當地建立了大量不可抹殺之貢獻與功績。這因在中國人各個人身上，都有此一分中國的歷史文化傳統，社會凝結精神，相與俱往，故能如此。這是眼前的明證確據，只我們不能把此中真義盡情發揮出來，便成為知其然而不知其所以然。我們若能由社會追溯到歷史，從歷史認識到社會，把眼前社會來作已往歷史的一個生動見證，這樣研究，才始活潑真確，不要專在文字記載上作片面的搜索。

中國社會是廣大的，又是悠久的。我們要研究中國社會，不僅當從社會的橫剖面看，尤應從其歷史傳統方面去看。歷史變了，社會自亦隨而變。也可說，正因社會變了，所以歷史亦隨而變。但歷史與社會，都有一不變的傳統存在著。譬如我們看今天的香港，我們要能逆溯上去。遠在鴉片戰爭之前，直到鴉片戰爭之後，香港社會自有其甚大之變。到今天，西方物質文明所加被於香港社會的，固是日新月異而歲不同，但香港社會卻依然十足是一個中國社會。在這上，我們可悟到社會之所以成為一社會者，其主要特殊點究何在？我們自亦可以悟到，若我們來研討香港社會之傳統性，決非單拈著封建社會與資本主義社會之兩個舶來名辭，便能解釋便能明瞭的。

因此研究社會，即猶如研究歷史。同時，研究歷史，亦即猶如研究社會。主要在能把握其傳統性，顯出其特殊性，看出其人群相處間幾項一定的關係。即如何由個人生活融凝轉化為群體生活之幾條道路，即人類相互接觸間，有關其思想、情感、信念等等，如何能趨向於和諧與合作，發展與進步。這是研究歷史和社會之最大節目與綱領。因此我們說，要研究社會史，決不可關著門埋頭在圖書館中專尋文字資料所能勝任，主要乃在能從活的現實社會中去獲取生動的實像。也不可在你腦中先存著要解決某一社會問題而來作研究，更要是能先忘掉此問題，然後能鑑空衡平，自下至上的先求對此傳統社會通體明白，徹底瞭解。到那時，你要解決某項問題，才可有真知灼見來下手。我今天所講是從歷史研究的觀點出發，來談如何研究社會史。時間所限，到此就作結束吧。

第四講　如何研究經濟史

一

今天我講「如何研究中國經濟史」。在講入正題之前，我先要闡述一下中國歷史傳統對經濟問題所抱一項主要的觀點，即是物質經濟在整個人生中所占地位如何？經濟對於人生自屬必需，但此項必需亦有一限度。亦可說，就人生對經濟之需要言，並不是無限的。經濟之必需既有一限度，我姑稱此限度謂之是經濟之水準。儻經濟水準超出了此必需限度，對人生可謂屬於不必需。此不必需之經濟，我姑稱之謂是一種超水準之經濟。它既已超過了人生必需的限度，這便是無限度，亦即是無水準可言了。

低水準的必需經濟，對人生是有其積極價值的，可是不必需的超水準經濟，卻對人生並無積極價值。不僅如此，甚至可成為無作用，無價值，更甚則可產生一些反作用與反價值。此種經濟，只提高了人的欲望，但並不即是提高了人生。照人生理想言，經濟無限向上，並不即是人生的無限向上。抑且領導人生向上者，應非經濟，而實別有所在。此一觀點，實乃中國人對於經濟問題之一項傳統觀點，其在中國經濟史之發展過程中，甚屬重要。我們要研究中國經濟史，必須先著眼把握此點。此亦中國歷史所具特殊性之主要一例。

中國以農立國，只有農業生產為人生所最必需，乃最具低水準經濟中所應有之積極價值者。昔英國社會學家詹姆斯撰有《社會通銓》一書，彼謂社會演進之順序，首係游牧社會，次為農業社會，再次始為工商社會。其實此說並非完全恰當，因由農業社會進入工商業社會後，農業仍不可缺。若一社會脫離了農業，此社會即無法生存。至於近代帝國主義下的社會，憑其超水準經濟來推進其殖民地征服，此項事實，不可為訓。

馬克思繼承詹姆斯之後，似乎他的眼光，也都注重在工商業方面。馬克思的經濟理論，主要在從工業生產中，指出一項剝削勞工的剩餘價值來。馬克思雖提倡唯物史觀，但其眼光所到，似乎並未看重到農業，亦未為此農業生產在他的理想社會中作一好好底安排。今天共產社會所最感煩擾棘手不易解決的問題，亦即在農業問題上。可見近代西方學者論社會，論經濟，都不免太過側重於工商業，而忽略了農業，這實是一大紕繆。

中國又是一個大陸農國，物資供應，大體上可以自給自足。中國古人，似乎很早就覺悟到我上面所說低水準經濟之積極價值方面去。正為對於人生的低水準經濟需要易於滿足，於是中國歷史很早就輕鬆地走上了一條人文主義的大道。中國的人文主義，亦可說是人本位主義。因此中國歷史上各項經濟政策，亦都係根據於其全體人群的生活意義與真實需要，而來作決定。農業經濟，最為人生所必需。其他工商業，則頗易於超出此必需的水準與限度以外，而趨向於一種不必需的無限度的發展。如現代資本主義社會般，人生似乎轉成追隨在經濟之後。經濟轉為主，而人生轉為副，這是本末倒置了。

中國的歷史傳統，常能警惕地緊握著人生為主而經濟為副的低水準的經濟觀。故談及經濟問題時，常特別注重於「制節謹度」這四個字。節與度即是一水準，制與謹則是慎防其超水準。中國人傳統意見，總是不讓經濟脫離了人生必需而放任其無限發展。此項發展，至少將成為對人生一種無意義之累贅。一部中國經濟史，時常能警惕著到此止步，勒馬回頭，這是一大特點。

故中國經濟的理想水準主在平。中國人言：「貧而樂，富而好禮。」此貧字，其實即是一低水準。由有富而始見其為貧。富者，則求能好禮。禮之意義，亦即在求其平。故中國社會之人生標準，主要即在其求平而樂，其最終標準，則曰「天下太平」。

二

西方歷史主要即在求不平。中古時期封建社會崩潰以後，即產生了自由工商業。其實在中國，大體上，亦有此相似趨勢。當戰國以下，古代封建政制崩潰，社會上便興起了三種新勢力。直到漢代，其情勢甚為顯著。在太史公《史記》中有〈儒林〉、〈貨殖〉、〈游俠〉三列傳。〈儒林列傳〉中人物，屬於「士」之一階層，乃由戰國游士演變而來。只是由列國分爭時代的游士，演變為大一統政府下安心歸集於同一中心之下的儒士，這一不同而已。要之，士的勢力，在當時已幾乎代替了古代的封建貴族的勢力，但亦只代表著其一部分之勢力而已。

其第二類則為自由商人，在戰國時如陶朱公、白圭，下逮呂不韋以邯鄲大賈，位至秦相。可見當時商人勢力之大，已駸駸乎超過封建貴族之上了。太史公〈貨殖列傳〉稱此一批人為素封，即指其憑藉財力來代替以往封建貴族在社會上之地位。雖沒有封地，而等如有封地，故謂之素封。

其第三類為游俠，此種人在西方歷史上並沒有相類似之發展。在中國古代社會中，游俠之背景先似近於士之一類型，而終究則歸屬於工商業〈貨殖列傳〉一類型中。不過游俠所為，乃是專在營幹冒犯政府法令之工商生利事業，故當時稱之謂「奸」。舉例言之，如入山開礦、鑄錢、燒炭、掘冢等。此類事業，都是結集群體勞力來從事違法的生產。太史公〈貨殖列傳〉中亦云：「其在閭巷少年，攻剽椎埋，劫人作姦，掘冢鑄幣，任俠兼併，借交報仇，篡逐幽隱，不避法禁，走死如騖，其實皆為財用。」這一番敘述，已指出漢初游俠行徑與貨殖中人之異途同歸了。

此三類人物，顯然就是古代封建貴族崩潰以後，社會上新興之三流品。當時惟儒林中人物，只在農村裡面半耕半讀，安分守己，不失一平民身分。而那些商賈游俠，則無不交通王侯，奴役平民，在社會上占有絕大勢力。但自武帝重儒生，開始組織士人政府，一輩士人所抱的觀點，乃在政府中活躍呈現，遂開始來禁絕游俠，裁抑商人，使此下的中國社會，走上一條與西方歷史絕不相同之路向。正因為中國的士，尤其是儒家，他們都抱有一番如我上述的經濟觀點。此種觀點，當然導源於農村社會者為多，醞釀於工商城市者為少。由於抱有此種觀點的人物，出來站在政治上層作領導，遂使此後中國社會，乃別有一種頗為特殊的發展。茲姑舉先秦時代三本在後代最顯著最流行的儒書中所言，來代表當時中國人對經濟意見之一斑。

三

一、《論語》云：「不患寡而患不均，不患貧而患不安。」此兩語，在中國經濟史上，二千年來，乃為國人最所服膺之一番理論。即使我們把來用諸今日，仍覺切中時弊。我們也可說，二十世紀的世界並不窮，人口生殖率也不弱，所患只是在不均和不安。我們當知，若專從經濟著眼，一切仍只以經濟為主，則此後世界將永遠無法得均得安。孔子此語，雖說的是經濟，但主要著眼處則並不在經濟上。

二、《大學》云：「有德此有人。有人此有土。有土此有財。有財此有用。」此處之所謂德，即是《大學》開首所謂明明德之明德。人類有此明德，才可相結集。人之結集，即是土地之拓展。土地拓展了，則不患財用不充足。近代西方帝國主義殖民政策，則與此正相反。因於財用觀點而拓展土地，而奴役人民，而斲喪明德，這就本末倒置了。《大學》此幾句話，亦與近代人提倡的戶口政策不同。近代人認為須有足夠的土地，才能維持適當數量人口的生計。因此人口數量不該超過有限土地所能承擔的生產力。在中國過去社會，此項理論殊不適用。因過去中國是一大陸農國，人群和合了，同時即是土地展拓了，也即是財用充裕了。因此說：「德者本也，財者末也。外本內末，爭民施奪，是故財聚則民散，財散則民聚。」《大學》這一番理論，貢獻給此下中國作為一種傳統的經濟政策之張本，我們不可不注意。

三、《荀子》云：「聖人制禮義，以養人之欲，給人之求。使欲必不窮乎物，物必不屈於欲，二者相持而長，是禮之所起也。」荀子主張，我們的物質欲望不可超過現有的物質限度。當然現有的物質限度亦須能適應現有人之物質欲望。在此兩者間，須能相互調節。使人的內心欲望與外在物質生產，雙方相持而長。荀子此番話，亦是一種人文本位的經濟理論。可以說，中國人一向的經濟理論，都是以人文主義為立場，或說是以道德主義或禮義主義為立場的。人生的欲望，本可無限地擴張提高，但欲望無限提高，並非人生理想所在。若使物質經濟常追隨於人生欲望之後，而亦求其無限提高，此將使人生永成一無限。無限向前，卻是無限的不滿足，與無限的無休止。此將是人生之苦痛與禍害，決非人生之幸福與理想。故領導人向前者，應屬之於道德與禮義，不應屬之於欲望與經濟。人之種種欲望與物質經濟，同須受人生理想與道德之領導。

四

此項理論到漢代時，又出了幾位有名人物如賈誼、晁錯、董仲舒等，彼等之政治抱負與經濟理想，大體言之，均是因襲上述儒家思想而來。我姑舉董仲舒所言以資證明：

董仲舒云：「使富者足以示貴，而不至於驕。使貧者足以養生，而不至於憂。以此為度而調均之。」當知社會決不能絕無貧富相差，但當使富者僅在社會上能表示其地位之較高而止。如大政治家、大藝術家、大科學家等，他們在社會上貢獻比別人大，自當獲得一分比別人較高的地位與待遇。此種差別是有理由的。即如當前共產主義國家裡面，豈不是此輩人之地位與待遇仍然高出常人嗎？此等差別，我們實無法反對。只是不要讓人由富生驕，喪其明德，則於己無益，於人有害了。至於窮人，與富相較，則自見其窮。既有富，必有貧，亦所難免。但也要使貧者能獲得他們低水準的必需，有他們低限度的生活，不要讓他們內心老憂慮。

此處所引董仲舒之所謂富與貧，其實只是在同一水準上比較有此分別而已。無論富與貧，同樣不該超水準，而此水準則以人生的理想為依歸而樹立。人都該能活得，而尤該活得近理想。即如目前西方國家，在亞、非地區所以不得人緣，有些就是患了富而驕的病。他們因和人貧富相差太懸殊，便不免視別人為落後民族，以為予以一些經濟援助，便是拯救了這些地區。這一種內心，正是驕的表現。僅知有經濟，不知經濟以外有人生，則富必然會驕，因驕而生出人類相與之不和與不睦來。這些不和不睦，卻非經濟所能解決。

但富而驕固不可，貧而憂也須防。經濟條件降落到一種必需水準之下去，這亦會發生人群間之不安與不和。董仲舒的意思，就是要在富而不驕，貧而不憂，高下有寬度的節限中，來維持一個相當有伸縮餘地的社會經濟水平。以此為限度而調均之。「此」字所指，主要即是一種德，如不驕不憂之心理狀態，更重要過於不必需的經濟條件。

漢武帝採用了董氏政策來節制資本，裁抑兼并，尤著者，如鹽鐵政策。據司馬遷《史記》所云：「猗頓用鹽鹽起，而邯鄲郭縱以鐵冶成業，與王者埒富。」鹽鐵為人生日常必需品，不當由私家操縱專利。漢武帝此項制度之用意，永為後世所承襲，遂使此後中國社會永遠不能有壟斷為利之大資本家出現。我們當知在此種制度之後面，實有一番人生理想與經濟理論在作領導，故使中國社會在封建政制崩潰之後，不轉到資本主義社會路上去。故自漢武帝開始建立士人政府以後，貨殖游俠一批人物便潛消於無形。而自《史記》以後，除班固《漢書》因襲《史記》外，二十四史中也不再有貨殖游俠列傳了。即班氏《漢書》亦以此譏史公，謂其「序游俠則退處士而進奸雄，述貨殖則崇勢力而羞貧賤」。班氏此一評語，正可說明此下中國社會何以不再容游俠貨殖中人得勢的一般意見。

現在人不悟此中因由，以為唯有太史公有史學特識，故能提出此兩列傳，以後史家無太史公般識見，遂不知為貨殖游俠寫列傳。其實此後中國社會已正式成為四民社會了，商人與游俠已失卻其素封與新貴之地位，不能如漢初般在社會上發生出特殊作用，故後來史家也就無法再為他們另立專傳。正為的是歷史上無此現象，卻不便是史家無此識見呀！

五

我們可以說，中國此下經濟制度大體承襲了此一傳統。先說保持必需經濟的低水準方面。我將姑舉幾項大綱目言之。首先當言平均地權之一項，此即向來學者所愛言之井田思想。其在歷史上見之實施者，為各時代之均田制。主要是裁抑兼并，所謂「富者田連阡陌，貧者亡立錐之地」，此乃中國歷代政府所力求糾正者。隨於土地政策而來者，如廢除奴隸使成為自由民，以及歷代賦稅制度之主於輕傜薄賦。以及各項憫農、恤貧、救荒、賑災、公積、義倉，及獎勵社會私人種種義舉善行，以寬假平民，力求安和，此皆中國兩千年來政府所傳統倡導盡力履行者。這些工作之背後，均受一群士大夫之鼓吹與支持，其意只在使一般人民的經濟生活不墮落於過低水準。

再說防止經濟超過高水準，走上不必需的經濟之無限發展者，除上述鹽鐵政策，禁止日用必需品之為商人所壟斷專利等以外，又如禁止商人進入仕途，此亦為中國傳統法制一大端。董仲舒嘗云：「明明求仁義，君子之事。明明求財利，小人之事。」此所謂小人，乃指只為私家私人謀生計滿足，以其平素用心在私，故不能付之以國家之重任。明明求仁義，則是存心在公，非士人專一詩書，求明義理，不能有此。故付託以國家重任者，亦必在此輩。董仲舒又云：「正其誼不謀其利，明其道不計其功。」當知道義乃人生所必需，功利則往往有不必需又超於必需之外者。故當以道義為經濟立限度。偏重功利，則易趨於無限度。董仲舒之言，極為近人詬病，其實就中國歷史傳統言，此等言論，皆有甚大影響，而非誠可詬病者。我們當細求其意旨所歸，不當因其驟然看來和我們意見不同，便肆意輕蔑，不求理會。

又如漢代有禁止商人衣絲乘車之事，此種限制，直到清代，還是時時變相出現。但若因此而認為中國歷史傳統一向輕賤商人，則亦不盡然。《左傳》云：「通商惠工」，此四字為歷來所奉守。通商者，即通商販之路，令貨利往來，給予商人以種種之便利。又如說「關市譏而不征」，當知歷來商稅皆不高，有些時且不徵商稅，商品在全國各地可以自由流通，絕無阻滯留礙之虞。如在晚清咸同年間，為平洪楊亂事，創辦釐捐，當時曾引起極大爭持，此等皆是一時不得已而為之。諸位當知，中國政治傳統，只是防止商人專為牟利而妨害了社會，卻並不允許政府專為牟利而妨害了商人。可知賤商之說亦不公允。

中國歷史上，工商業在古代已甚發達，如南朝以下之廣州，唐代以後之揚州，此等城市，其商業繁榮之情況，屢見於歷史記載，多有超出吾人所能想像之外者。即如宋人所著《太平廣記》一書，其中所載瑣事軼聞，大可想見在當時中國各地之商業情況，足可打破我們所想像中國永遠留在農村社會之一假想。我們儘可說，中國工商業一直在發展情況下繁榮不衰，惟遇到達社會經濟物質條件足以滿足國民需要時，中國人常能自加警惕，便在此限度上止步，而希望轉換方向，將人力物力走上人生更高境界去。故中國歷代工商業生產，大體都注意在人生日常需要之衣、食、住、行上，此諸項目發展到一個相當限度時，即轉而跑向人生意義較高的目標，即人生之美化，使日用工業品能予以高度之藝術化。遠的如古代商、周之鐘鼎、彝器，乃至後代之陶瓷、器皿，絲織、刺繡，莫不精益求精，不在牟利上打算，只在美化上用心。即如我們所謂文房四寶，筆精墨良，美紙佳硯，此類屬於文人之日常用品，其品質之精美，製作之纖巧，無不遠超乎普通一般實用水準之上，而臻於最高的藝術境界。凡此只求美化人生，決非由牟利動機在後作操縱。又如中國人的家屋與園亭建築，以及其屋內陳設，園中佈置，乃及道路橋樑等，處處可見中國經濟向上多消化在美育觀點上，而不放縱在牟利上。我們治中國經濟史，須不忘其乃在全部文化體系中來作此表現。若專從經濟看經濟，則至少不足瞭解中國的經濟發展史。

說到工業，中國歷史上有幾項著名的大工程，如秦以後的萬里長城，又如隋代與元代所開濬之運河。此種大工程，亦莫不與國防民生實用有關。總而言之，中國人只注意經濟之必需。如此而有裕，即著意在人生美化上。雖中國民族亦具有偉大的製造工藝才能，但亦都不從牟利上著眼。故經濟之向上發展，雖同屬於一種物質方面的，而西方則偏在科學機械方面，中國則偏在藝術陶冶方面。孟子曰：「王何必曰利，亦有仁義而已矣。」人生美化藝術化，亦屬仁義方面。科學與藝術，亦是一種義利之辨。至如核子武器之發明，則為一種大不仁。可見中國傳統經濟觀，均是一種人文本位道德本位者，重人生，不重經濟。經濟只以輔助人生，非以宰制人生。於是經濟發展，遂成為有限度的。

六

在中國古代有一書，名《周官》，亦稱《周禮》。此書實為中國古代一部奇書，猶如西方希臘哲人柏拉圖之著有烏托邦《理想國》。此書當屬戰國末年人作品。書中假托周代官制，有意把政治、社會、經濟、教化治於一爐，是亦主張一種人文主義之經濟政策者。後人遂多疑以為乃周公著作。

後代曾有三位政治人物，想依照此書推行新政。一為西漢末年之王莽，一為南北朝時代北周之蘇綽，一為北宋神宗時之王安石。此三人中，結果二王推行新政都失敗，惟有蘇綽一人成功了。這因王莽、王安石皆在社會經濟條件較佳情況下，來推行周官政策，裁抑工商業太甚，以至失敗。而蘇綽則在社會經濟條件較不佳之情況下，來推行周官政策，故不見有裁抑工商業過甚之病。

此處亦可看出中國歷史進程中之一種中和性，不走極端，不為過甚。而同時亦見中國歷史傳統，本不專向裁抑工商業一方推進。過分裁抑工商業，必然將招致惡果無疑。若我們仔細一讀王莽、王安石兩人之政治失敗史，便可透悟此中消息。尤其當王安石時，一輩舊黨反對新政，此輩人亦多屬儒士，可謂與王安石在學術上仍是同一路線者。我們若仔細去讀當時那些反對派的言論，更可透悟出中國傳統思想中對經濟觀點之內涵意義之另一方面來。

近人粗治西方思想，震驚於王莽、王安石兩人之經濟措施，有些與西方意見若相暗合，卻不懂他們究竟為何失敗，於是儘罵中國人守舊，儘罵中國傳統輕視工商人，此等皆是推想失實。

七

根據上述，我將重新指出我以前所一再提及的，即中國歷史之渾融一體性。故我們要研究中國政治史，或社會史，或經濟史，只當在文化傳統之一體性中來作研究，不可各別分割。我們當從政治史、社會史來研究經濟史，亦當從政治思想、社會思想來研究經濟思想，又當從政治制度、社會制度來研究經濟制度。在此三者之上，則同有一最高的人文理想在作領導。循此以往，中國歷史之傳統與其特殊性，便不難找出答案來。

現在再論到中國經濟中幾項特有情況，有很多問題乃在西洋史中所未見或少見者，而亦遂為今日國人所忽略了。就中國人傳統觀念言，一個時代，若其物質上之積聚多而消散少，此時代即富而安，否則反是。在上如帝王之驕奢淫佚，而浸淫及於士大夫生活。又如政府之冗官冗吏，過量開支。對外則有防邊與開邊，或窮兵黷武。凡此種種，皆足以招致國庫空竭，人民貧乏。如漢武帝遠征匈奴，以為可以一勞永逸。但到末年，終不免有輪臺之詔，自悔當年之措施。唐中葉以後，亦可說是因於有一種接近帝國主義之向外擴張，而招來國內之不安，乃致生出五代之黑暗時期。又因中國國防線太長，如宋代，如明代，皆因防邊而動用浩大之財力，耗散浩大之人力，亦為造成當時國勢衰弱之一因。又如河患與漕運兩問題，此亦為中國歷史所特有。黃河屢有泛濫潰決之患，歷代專設機關特命大員設法防治，耗費甚巨，常因此而激起社會的經濟危機。漕運乃指水道運輸糧食言，或運致京師，或供應邊防，或沿途分儲食廒，皆稱漕運。此亦為中國歷史上一大消費，皆因中國所特有之地理背景而引起。此黃河與漕運之兩大問題，在中國史書中，歷代均有詳細敘述。此兩事，每使歷代政府歲糜鉅帑，耗費國家財力，不可計算。欲研究中國經濟史，此等特殊問題亦不可不一加注意。

又如唐以前之門第社會，雖若迹近封建，導致社會不平等，然當時之大門第實為社會財富之積聚中心。社會因有此積聚，而使一般經濟易於向上。唐以後，則是一個白衣進士的社會，財富分散了，經濟無積聚，好像更走上平等。但一切社會上應興應革之事，反而停滯，無法推動。此因社會力量因平鋪而癱瘓了，不易集合向前發展。此一問題亦極重要。但在今日講來，已是歷史上之過去陳迹，因亦沒人注意了。但此實是宋以下中國常苦貧乏之一因，值得再提醒。

但若總括來說，中國歷史上的經濟情況，自秦迄清，直到道咸年間，向來可說是較佳於西方的。經濟落後，只是近百年事。我們儘可說，在近代西方科學興起以前，中國經濟一向勝過於西方。只因近代科學興起，而中國經濟遂見落後。此下我們將如何引進近代西方之新科學而又能保持中國經濟舊傳統，即仍然保持中國一向堅守的人文本位之經濟思想與經濟政策，使新科學與起後之經濟發展，仍不致超水準而走向無限度與不必需的發展上面去。此是一大問題，有待中國自己此後新起的經濟學家來設計，來督導，來創立一種適合中國傳統社會的新經濟思想與政策及制度。在中國歷史上，能特創新制度，來解決當時代之種種問題的大政治家、大經濟學家，固已代有輩出。但今天我們則失卻此自信，種種聰明，都奔湊到抄襲與模倣上，自己不能創造，也不敢創造。惟此厥為中國今日最大最深之一病。

西方人有他們一套浮士德式的無限向前精神，有他們傳統的個人主義、自由主義，與財利主義。他們一意提高物質生活，而把其他人生儘追隨著向前。我們明知此一套精神實為中國社會所不易接受。而他們這一套精神，亦已弊病百出。但我們偏要勉強學步，則所謂落後，便真成為落後，而無法追上了。故中國今後最要急起直追者，卻不是追隨西方，乃在能追隨中國古人那一種自創自闢的精神。

即就經濟史上之種種發明而言，如鈔票是發明在中國的，如近代山西票號之信託制度等金融措施，亦是中國人自己發明的。若把中國經濟史上種種出自中國人自己發明的方法和制度等，一一羅舉，亦足增長國人之自信。我們今後正須在經濟制度、經濟政策、經濟思想上，自己因地制宜，別有建樹，則首先得回頭一看中國過去的一套經濟史。這更是我們研究此下經濟發展，所應注意的。

第五講　如何研究學術史

一

今天所講是「如何研究中國學術史」。

根據以前數講，有關政治、社會及經濟諸端，可以明顯地看出中國歷史之渾融一體性。而中國歷史之所以能不分裂與無中斷，亦頗於此可見。中國歷史文化傳統源遠流長，在其內裡，實有一種一貫趨嚮的發展。我們並可說，中國歷史上之傳統理想，乃是由政治來領導社會，由學術來領導政治，而學術則起於社會下層，不受政府之控制。在此一上一下循環貫通之活潑機體之組織下，遂使中國歷史能穩步向前，以日臻於光明之境。

上講我已提及，中國歷史上之偉大人物周公。周公實近似於西方哲人柏拉圖在其《理想國》中所要求的理想政治領袖。但周公不是一「哲人王」，僅是一「哲相」。他可說，是以一學者哲人身分，而來建立了西周一代的政教禮制，奠定了中國此下數千年的優良基礎。周公之後，繼者有孔子。孔子所理想，即是復興周公之道。孔子曰：「甚矣！吾衰也！久矣，吾不復夢見周公。」可見他對周公之衷心嚮往。孔子在政治上雖不得意，但在學術上則有更偉大之成就，更深遠之影響。中國此後之全部學術史，即以孔子及其所創始之儒家思想為主要骨幹。我們又可以說，以學術來創立政教制度者，以周公為第一人，而孔子繼之。如韓昌黎所說：「周公在上，故其事行。孔子在下，故其說長。」兩人之不同者在此。

此後先秦諸子，他們中的多數，亦如周公、孔子般，同有一番他們的政治理想與政治抱負。他們亦都想把他們所各自開創信守的一套學術思想，來創建一新制度，推行一新政治。此等態度，可說與儒家基本精神相差不遠。至秦漢以後，中國學術大致歸宗於儒家，此非各家盡被排斥之謂，實是後起儒家能薈萃先秦各家之重要精義，將之盡行吸收，融會為一。故在先秦時，儘有百家爭鳴。而秦漢以後，表面上似乎各家都已偃旗息鼓，唯有儒家獨行其道。按諸實際，殊不盡然。此因中國學術精神，乃以社會人群之人事問題的實際措施為其主要對象，此亦為中國學術之一特殊性。儒家思想之主要理想及其基本精神即在此。而先秦各家思想，大體亦無以踰此。故能匯歸合一，而特以儒家為其中心之主流而已。

故中國學術之主要出發點，乃是一種人本位主義，亦可說是一種人文主義。其主要精神，乃在面對人群社會中一切人事問題之各項實際措施。如上述政治、社會、經濟諸端，皆屬此對象下之一方面、一部分，皆可以實際人事一語包括之。故中國學術精神之另一表現，厥為不尚空言，一切都會納在實際措施上。所謂坐而言，起而行。若徒言不行，著書立說，只是紙上加紙，無補實際，向為中國人所輕視。因此如西方所有純思辨的哲學，由言辨邏輯可以無限引伸而成一套完整之大系統大理論者，在中國學術史上幾乎絕無僅有。故在中國學術史上，亦可謂並無純粹之思想家或哲學家。「思想」二字，實近代中國接觸西方以後所興起之一新名詞，中國舊傳統只言「學術」，或言「學問」，不言「思想」。因中國人思想之對象即在實際人事問題上，必須將此思想從實際措施中求證驗。所謂「言顧行，行顧言」，而無寧尤貴行在言前。故中國哲人之一切言辭，似乎只是一種人生經驗，與其績效之概括的敘述與記錄而已。其立言大本，即在人生實際，不在一套憑空的思想體系上。

如《論語》開首即云：「子曰：『學而時習之，不亦說乎！有朋自遠方來，不亦樂乎！人不知而不慍，不亦君子乎！』」此不能謂是孔子之一套思想或理論，僅可謂是孔子對於全部人生提綱挈領的一項敘述而已。此乃由孔子觀察日常人生，及其切實踐履所獲得之親身經驗之一種記錄。

因此我們對孔子此番話，亦不能隨意運用自己一套思想或語言邏輯規律來加以批評。因此乃孔子所親身體會之一種實際人生，不是一純思想，或純理論。若欲領悟此中滋味，亦必得投身於此實際生活中，親身有此一番實際體驗，才能印證其說。因此中國人講學問，恆以「知行」兩字並重。無論說知難行易、知易行難、知行合一云云，均將知與行兩項連在一起說。即如上面所舉《論語》首章，你必真做到「學而時習之」的工夫，才能體驗出此心喜悅之情，這是第一步。繼此以往，然後「有朋自遠方來」，便覺無比快樂，此為第二步。更進而達到「人不知而不慍」的境界，此為第三步。我們當知，如無第一步實踐，便無從有第二步。如無第二步到達，亦無從說到第三步。此屬一種人生境界，非關思想體系。因此中國人教人做學問，必須知行配合來做。即如學問二字，也都是屬於行的方面者。學與問，皆須從實習下手。

此種精神，卻可謂與西方人之現代科學精神相近似。科學研究必重實驗，實驗到這一步，再推想到另一步。如此逐步推進，卻不走遠步，逃離實驗，憑空一口氣推想出一番大道理來。但中國學術傳統，究與西方近代科學有其迥異處。這因西方近代科學所研究之對象，乃指向於自然界之一切實物與現象，而中國傳統學術所著意者，乃在人文界之一應實事上。自然物變動少，研究自然可有一恆常不變之共同對象。因此前一人研究所得，後一人可以憑此繼續深進。探求了這一面，再繼續探求那一面。進入了這一層，再繼續進入另一層。研究科學可以按部就班地拾級而登，後人所發明或發現，常可超越前人，有日新月異之概。近代有了愛因斯坦，便可超越了昔時牛頓所發明之幾項定律，而更有新發明。後人有新發明，前人所發明者即續被修正。

但此種情勢不能轉用到人文界。人是活的，人常在變動中，人事亦常在變動中，真所謂「不居故常，一日二日萬幾」。所以處理人事，只有因地制宜之一法。驟然看來，似乎中國人講學術，並無進步可言。但諸位當知，這只因對象不同之故。即如西方人講宗教，永遠是一不變的上帝，豈不較之中國人講人文學，更為故步自封，頑固不前嗎？當知中國傳統學術所面對者，乃屬一種瞬息萬變把握不定的人事。如舜為孝子，周公亦孝子，閔子騫亦復是孝子，彼等均在不同環境不同對象中，各自實踐孝道。但不能因舜行孝道在前，便謂周公可以憑於舜之孝道在前而孝得更進步些。閔子騫又因舜與周公之孝道在前而又可以孝得更進步些。當知從中國學術傳統言，應亦無所謂進步。不能只望其推陳出新，後來居上。這是易明的事理。

其次，再說到人事牽涉，固屬複雜多端，但既屬人事，則必是可以相通合一的。因此中國以往學者，很少對政治、社會、經濟等項，分途作各別鑽研的。因人事只是一整全體，不能支離破散來各別對治。如硬要將此等各別劃開，只從某一角度為出發點去作研究，固亦可以著書立說，成一家之言，言之成理，持之有故。但配合到實際人事上來，則往往會出岔。如西方人講經濟學，亞當斯密之「自由經濟」的理論，豈不言之成理，持之有故。但推行過當了，便會出毛病。至如馬克思的「階級鬥爭論」，則更不必說。但單就其理論看，又何嘗不是言之成理，持之有故，有他一套思想體系？只是憑空一口氣說得太過遠了，太過週到了，再放到人事實際問題上來，反而不適切。

中國的學術傳統，則較喜歡講會通，不甚獎勵成專家。一言一行，總須顧全大局。因此用西方人眼光來看中國學術，自然沒有像西方般那種分道揚鑣，百花齊放的情形。兩相比照，若覺中國的不免失之單調和籠統。其實此亦中國學術傳統之一特殊處。譬如有人說孔子是一政治家，這並不錯。或說他是一哲學家，或教育家，或史學家等，也並沒有錯。甚至說他是一社會學家，也未嘗不可。但孔子之偉大，並不在他的某一項專門學問上。當時人就說孔子「博學而無所成名」。此後學術傳統如此，中國學術史上偉大人物，常只是一普通人，而不能像西方之所謂專家，這也是事實。

中國學術史上亦並無專家，如天文、曆法、算數、音樂、法律、醫藥、水利、機械、營造之類，都須有專家。但中國本於其傳統的人文精神，一向學術所重，則在通不在專，在彼不在此，此為治中國學術史者所不可不知。

二

上面講到中國學術傳統側重在人文界，必求落實於人生實際事務上，我姑舉《大學》三綱領八條目來說。講到人生實際問題，實跳不出《大學》所提出的修身、齊家、治國和平天下之範圍之外。欲達到上述目標，首先必須做到正心和誠意。我們且試問，為何我們不在此大群體內，各自謀求個人小我之出路與打算，與夫個人私生活之享受，而必要貢獻我自己，來擔當齊家治國平天下的大任？我們的人生大道，為何必要只盡義務不問權利？當知此處，實見中國傳統學術中，寓有一番宗教精神在內。故在中國文化體系中，不再有宗教。宗教在中國社會之所以不發達不長成，因儒家思想內本已含有一番宗教精神，可以來代替宗教功能了。此又為中國文化之一特殊點。而此項宗教精神之獲得，則基於各人之心性修養功夫。

所以就儒家學術言，正心誠意是「體」，修、齊、治、平是「用」。但單有此心，如無具體知識，則此體仍不全，亦發不出用來，因此要致知。若對外在事物，家國天下，漫乎茫然，一無所知，又如何得有修、齊、治、平之用？只要你不能修、齊、治、平，則仍即見你心不正，意不誠。空有此一番心情，表現不出真實功用來，如何能說是心正意誠。心正了，意誠了，自會逼得你去求取知識。此和西方哲學所謂「愛智」一辭又有些不同。

西方哲學所求是一套純知識，純理論。他們認為此知識與理論可以超事物而先在。他們只是為知識而知識，認為要獲得那套純知識純理論，則應先超乎種種實際事務之外之上來運用思想，然後其所得乃純乃真，然後再把此一套純知識純理論安放進實際人生中，此是西方哲學精神。因此西方哲學只是一種純真理純知識之愛好與追求。

中國學術精神則比較謹慎，愛切實，不邁遠步。凡屬所知，必求與實事接觸，身體力行，逐步做去，始能逐步有知。在這社會大群體中，在國家有君臣，在社會有朋友，在家庭中有父子、夫婦、兄弟諸倫。因說致知在格物。此物字並非專指的自然界之物，更要乃是指的人群間一切實事。格是接觸義，若不和人群社會中事事物物相接觸，即得不到知識，即不能應付此一切的事事物物，也就不能修、齊、治、平，亦即不能說是心正意誠了。

三

由上說再推申，我認為中國傳統學術可分為兩大綱，一是心性之學，一是治平之學。心性之學亦可說是德性之學，即正心、誠意之學，此屬人生修養性情、陶冶人格方面的。中國人所講心性之學，又與近代西方的心理學不同。近代西方的心理學，可用一隻狗或一頭老鼠來做試驗，主要乃從物理、生理方面來講心理，把心歸入到自然界物的一方面來看。中國的心性之學，則是反應在人生實際問題上，人類所共同並可能的一種交往感應的心理。把實行的分數都加進了。治平之學，亦可稱為史學，這與心性之學同樣是一種實踐之學。但我們也可說心性學是屬於修養的，史學與治平之學則是屬於實踐的。具備了某項心理修養，便得投入人群中求實踐。亦貴能投入人群中去實踐，來作心性修養工夫。此兩大綱，交相為用，可分而不可分。

在先秦諸子中，學術路向各有不同。如道家中之莊、老，對人類心性方面極有研究，所缺的是不很看重歷史經驗。如墨家墨子，特別重視人群治平實踐，他常稱道堯、舜、禹、湯、文、武、周公諸聖人，又好稱引《詩》《書》，是其頗重歷史經驗之證。但不甚通達人之心性，則是其所缺。只有儒家孔、孟，乃於心性治平兩途並重，兼道、墨之長，而無其缺，故能成為中國學術史上之大傳統。我們如能循此條理來治中國學術史，便易於把握。如漢、唐學術偏重在實踐方面，宋明時代則偏重在心性方面。亦非說漢唐人只重實踐，不講內心修養。亦非說宋明人只講心性，而無人事實踐。不過在畸輕畸重之間，各有不同而已。

四

故欲研究中國學術史，首須注重其心性修養與人群實踐。換言之，須從學者本身之實際人生來瞭解其學術。若漫失了學者其人，即無法深入瞭悟到其人之學。故研究中國學術史，必特別注意各學者之人格，即學者其人之本身。此又與研究西方學術不同。在西方，一思想家，如盧騷、叔本華、尼采等，其人其學，可以分而為二，我們只注重其思想其哲學體系即可，其人不占重要。但如研究中國學術史，而忽略於此學者之本身，只注重其思想，不兼求其人格，即無法把握到其學術之主要精神所在。

尤其是中國學術傳統主要在學為人。學為人，盡人事。中國人講人事又有三大目標，即春秋時晉叔孫豹所提出的立德、立功、立言三不朽。此又非如西方人所謂之靈魂不朽，乃是在社會人群中，對人生德業、言行貢獻上之不朽。此種不朽，從某一方面說，只大偉人始有。但從另一方面說，亦是人人皆能。最高的是心性修養為立德，其次治平實踐為立功，又次為立言。只要是一有德人，便可說對人群有貢獻。如做一孝子順孫，賢妻良母，已是對其家庭有貢獻。孔子所謂「孝乎惟孝，友于兄弟，是亦為政，奚其為為政」，即是此意。只要是一有德人，便即有言。子曰：「學而時習之，不亦說乎！」孔子此言，只是報道其一己修養所得而已。故立功與立言，仍皆以立德為本源。中國文學界，通常認為李太白詩不如杜子美，柳河東文不如韓昌黎。李、柳之所以稍遜於韓、杜者，主要差別不在其詩文上，乃在自其詩文所反映出其作者所內蘊之德性上。此三不朽，各時代人對之亦各有所偏。如漢、唐人重立功勝過於立言，宋、明人重立言勝過於立功。要之，則皆須自德性出發，此乃中國學術傳統最精微之特點，我們必須認取。

五

我在上面已說過，中國學術分兩綱，一為心性修養之學，另一則為治平實踐之學，亦即可謂是史學。我們如欲瞭解，如董仲舒、魏徵等在政治上之貢獻，或朱熹、王守仁等在學術上之貢獻，無論如何，均須通史學。同時又須通心學。此「心學」一名詞，乃係我個人所新創，與宋、明儒所謂心學，廣狹用意略有不同。當我們研究董仲舒、魏徵、朱熹、王守仁諸人時，不可撇開其事功實踐與人格修養，而單從其著作思想方面去研究。因中國人認為著書立說或建功立業，無論在社會任何方面作任何表現，同時必先有其一番心性修養，與其所表現之背後一種人格德性作根柢。此種心性修養與人格德性，究已達到何等境界，此事十分重要。

中國傳統學術每喜歡評論人物，把人類分等第，如聖人、賢人、君子、小人等，此種皆自其心性修養與人格德性所到達之境界來分。即如三國時代曹操與諸葛亮，我們對此兩人之評價，亦多不專注重在其事業上，亦不專注重在其文章學問上，主要乃自此兩人之內心境界與德性學養作評判。此等評判標準，即是中國學術大傳統之主要精神所在。諸葛亮六出祁山，在功業上並無大成就，然其對領袖之忠貞，其「鞠躬盡瘁，死而後已」之仁心誠意，則備受後人崇拜。當其高臥隴中時，抱膝長吟，自比管、樂。然又只願「苟全性命於亂世，不求聞達於諸侯」。待劉先主三顧草廬，始許出膺艱鉅。此等出處大節，更受後人仰敬。至於曹操，他曾對人說：「寧我負人，毋人負我。」別人評他是「治世之能臣，亂世之奸雄」。儘管他能橫槊賦詩，不愧為一代文豪，又其政治、軍事各方面所表現，固能睥睨一世，高出輩流，但他還是備受後世之譏嘲與輕視。此等處，莫看作無關學術。有志研究中國學術者，必當先從此等處著眼。

中國學術是崇尚實際的，一切應自其人格境界與其歷史影響兩方面來作推究。孟子所謂「知人論世」一語，意即要知道某一人，必須從其人之一生之真實過程中作探討作衡評。孟子所謂論世，似並不全如近人想法，只係專指其人之時代背景而言。從這一點上，再回到《大學》所提出的明明德親民與止於至善之三綱領來說，明明德是德性之學，親民是治平之學，止於至善則是其最高境界。中國人所理想，人在群體社會中，所應嚮往所該表現的最高鵠的即是「善」。我們亦可說，中國整部歷史，正是嚮嚮於此善。中國整個民族，也是嚮嚮於此善。此乃中國學術思想最高精神所在。若沒有了這「善」字，一切便無意義價值可言。

六

我乘此再提出幾點研究中國學術而常為近代所誤解的歷史事實來一談。

第一點，近代一般人常說，自漢武帝表彰六經，罷黜百家，從此學術定於一尊。此說若經細論，殊屬非是。東漢以後，莊、老道家思想復盛。又自魏、晉、南北朝以迄隋、唐、宋、明各代，佛學傳人，蔚成為中國學術傳統中重要之一支。如何能說中國學術自漢以後即定於一尊呢？

第二點，常有人以為，中國歷代帝王利用儒家思想，作為其對人民專制統治的工具。此說更屬荒謬。我上面說過，中國歷史是盼由學術來領導政治，再由政治來領導社會，而學術則由社會興起，非受政府控制。例如漢武帝立五經博士，當時朝廷所崇是今文學派，但此後民間所尊卻是古文學派。魏、晉、南北朝時，政府亦還是崇尚儒學，然莊、老與佛學成為社會大風尚。唐代時，朝廷優遇沙門，佛教極暢行，但韓愈提出闢佛之呼聲。政府以詩賦考士，而韓愈偏要提倡古文。宋代曾規定以王安石三經新義取士，司馬溫公首先反對。他的意見，謂不該以王安石一家言來作取士標準。又如民間學者如二程，其所提倡，顯與朝廷功令相反，程伊川晚年被斥為偽學。朱子在南宋，亦曾被斥為偽學。他的《四書集注》，作為後來明、清兩代考試取士標準。但如陽明學派，即在此處反對朱子的。清代考據學派，專一反對朱子。此中固亦未嘗無門戶之見，但在中國學術史上，往往在朝在野雙方意見相反，常是在野的學術得勢，轉為此下政府採用，而又遭繼起的在野新學派所反對。此在中國學術史上，是一項極該注意的大趨勢。不明白此一趨勢，便無法明白中國學術之真精神真貢獻所在。

七

其次再從正面講。我上面再三提及，研究中國學術，主要不越心學與史學兩途。如《論語》首章孔子所說的「說」、「樂」與「不慍」，都是從內心處講。此內心的品德學養，即成為其人之人格境界，亦即是人生真理所在。此項真理可以反而求諸己，故有如宋儒所云：「不識一字，亦可還我堂堂地做個人。」講學術而可以講到不識一字，此亦中國學術之獨著精神處。若不從我所謂心學著眼，幾乎可疑此等說法不是在談學術。

至如史學，同樣是中國學術一大主流。若要真在修、齊、治、平上作真貢獻，總須對過去歷史有一瞭解，更貴能窮源竟委，窺其變遷，然後才能針對現實有所作為。我們甚至可說，中國學術主要均不出史學範圍。孔子作《春秋》，即是史學開山。漢人崇尚經學，經學在當時，實即是史學，因其所講不出周公、孔子治平實踐與其理想，皆屬已往歷史範圍。後來古文學家所提出之《毛詩》、《周官》及《左傳》諸經，更見其近屬史學。也可說後來中國儒學傳統，大體不出經學與史學兩大部門。而就經學即史學言，便見儒學也即是史學了。因此中國歷史學家，其實也多是儒家分支。如魏、晉、南北朝，雖尚清談玄言，但同時史學鼎盛。若我們逐一細究，諸凡當時有名的史學家，大體上均可說他們是儒家。因史學所講，主要必有關修、齊、治、平。若其人只講莊、老與佛學，自然不會對歷史有興趣。又如王肅、杜預諸大儒，雖被稱為經學家，亦無不有史學精神貫徹在內。下至唐代，佛學最盛，文學次之，但史學並未中歇。如唐初諸臣修《晉書》與《隋書》，繼之有顏師古、劉知幾、杜佑等史家。宋代則史學尤盛，著者如歐陽修與司馬光。南宋有呂東萊及浙東學派等。朱子後學，在元代如王應麟、胡三省、馬端臨諸人，皆在史學上表現。明初則有宋濂、劉基，雖不著史，但其留心史學是必然的。至明末時，大史學家輩出，如顧亭林、黃梨洲、王船山諸人，此等皆屬儒家。甚至到清代，考據學大盛，其實此時所謂考據學仍應屬於史學範圍，只是較狹義的史學，亦仍是較狹義之儒學而已。

故在中國學術史上，史學所占地位極重要，堪與心學分庭抗禮，平分秋色。中國學術傳統主要在如何做人，如何做事。心學是做人大宗綱，史學則為做事大原本。我們要研究中國學術，此二者一內一外，最當注意。欲明儒家學術，則必兼備此二者。

我又說過，中國歷史原是渾融一體的。中國歷史上的政治、經濟、社會、學術等項，亦莫不皆然。我們該自一項制度之背後，究察其所以制定與推行此制度的居心與動機。若我們能把心學與史學配合研究，自見整個中國民族一部中國史主要精神主要嚮往，大可用一「善」字來概括。我們所謂善人善政，善言善行，青史留名，只是此一善。此一善字，正是儒學中至為喫重的一字。但近代的中國人，偏喜用惡意來解釋中國史，如說：堯、舜、禹、湯、文、武所謂古代聖人，盡出後人偽造，即是一例。但我們縱說這些是後人偽造，亦足證明偽造此一派古代聖人的種種故事的人，豈不在希望這一部中國歷史，能成為一部善的歷史嗎？後代人永遠信受此偽造，亦見後人也都希望這一部中國歷史能成為一部善的歷史了。生於其心，自可見於其政。則此下的中國史，自不當專一以惡意來解釋。西方人把真、善、美分開說，中國人則專一重視善，把美與真也要包進在善之內。我們研究中西學術與中西歷史，自可比較見之。

近百年來，此中國學術傳統中之兩大綱，即心性之學與歷史學，正日趨式微。此一巨變之後果，在今日，我們固無法揣測。但若我們要回頭來研究中國已往學術，則此心學與史學之兩大綱，總不宜放過不理會。此乃中國學術傳統中之特殊點，所截然不同於西方者。我希望將來有人，能將中西雙方學術思想，作一更高的綜合，卻不該先自藐棄了自己的。

我希望在今天的中國人中，能有少數中的少數，他們願意抱殘守缺，來多學多懂一些中國學術，來對中國歷史文化理出一個頭緒。這不僅對中國自己有貢獻，也可對世界人類有貢獻。

第六講　如何研究歷史人物

一

今天講「如何研究中國歷史人物」。

歷史是人事的記錄，必是先有了人才有歷史的。但不一定有人必會有歷史，定要在人中有少數人能來創造歷史。又且創造了歷史，也不一定能繼續綿延的，定要不斷有人來維持這歷史，使他承續不絕。因此歷史雖說是屬於人，但重要的只在比較少數人身上。歷史是關於全人群的，但在此人群中，能參加創造歷史與持續歷史者，則總屬少數。似乎中國人最懂得此道理，因此中國歷史記載最主要的在人物。向來被認為正史的二十四史的體例，特別重要是列傳。可見中國人一向以人物為歷史中心。故要研究歷史，首先要懂得人，尤其需要懂得少數的歷史人物。如其不懂得人，不懂得歷史人物，亦即無法研究歷史。固然也有人脫離了人和人物中心而來研究歷史的，但其研究所得，將總不會接觸到歷史之主要中心，這是決然可知的。

我們研究歷史的主要目的，或主要功能，是在希望人能成為一歷史人物。一歷史人物，比一專門史學家更重要。人群所需要者，乃是在此人群中，能不斷有歷史人物出現。才能持續舊傳統，開創新歷史。這比不斷有史學家出現更需要。我此講如何研究歷史人物，也可說主要用意即在此。

二

但空說歷史人物，勢難從頭列數，這究將何從說起呢？我此下將試把中國歷史人物分作幾類來加以述說：

第一類：先說關於治世盛世的人物與衰世亂世的人物。

有人幸而生於治平盛世，但亦有人不幸而生於衰亂之世。若說歷史以人為主，要人物來創造來持續，則似乎在治平盛世所出人物必較多，又較勝。在衰亂之世所出人物必會較少，又較劣。惟其所出人物多又勝，因此才成其為治平隆盛之世。惟其所出人物少又劣，所以才成其為衰亂世。我想普通一般想法應如此，但根據中國歷史看，卻並不然。

中國歷史人物，似乎衰亂世更多過了治盛世，又且強過了治盛世。我此所謂歷史人物，乃指其能對此下歷史發生作用和影響言。而此等人物，在中國歷史上，顯然是生在亂世衰世的，更多勝過生在治平盛世的。此有歷史事實為證，不容否認。譬如孔子，是中國歷史上第一大人物。但他生於春秋末期的衰亂世，霸業已盡，時代將變。可說此一時代，已瀕臨舊歷史傳統崩潰消失的末路，勢已不可收拾，誰也挽回不過此一頽運來。孔子以後，如孟、荀、莊、老諸子生於戰國，論其時代，更不如孔子。那時天下大亂，殘局日破日壞，更是無可收拾了。然論開創此後歷史新局面，能在中國此後歷史上具有無比的大作用大影響的人物，我們總不免要數說到先秦。試問先秦人物，豈不全是些衰亂世的人物嗎？

繼此再說到兩漢。兩漢之治盛，勝過先秦。但論人物，其在歷史上作用之大，影響之深，則決不能比先秦。又就一般言，東漢之治盛，不如西漢。但論人物表現，卻可說東漢還在西漢之上。此即說，東漢人對此下歷史之作用與影響，似乎更勝過西漢。因此後代人對東漢人物，也似乎較對西漢人物更重視、更敬仰。即就經學言，兩漢經學首推鄭玄。但鄭氏已生在東漢末期。他身經黨錮，下接黃巾、董卓之亂，而死在獻帝建安五年。他的一生，開始在東漢末的最衰世，而淹沒在三國初標準的大亂世。但在中國學術史上，他是何等有作用有影響的一位大儒呀！

說到唐代，自然可說是治盛世。但唐代人物，開元以前轉似不如天寶以後。宋代雖非亂世，亦可稱衰世。但宋代人物，卻超過了唐代。尤其在南宋末年，國家將亡，出一朱子。論其在學術史上之地位，尤應越出在鄭玄之上。就其在宋以後中國歷史上之作用與影響言，殆可上埒孔子。孔子與朱子，是中國史上前後兩位最偉大的人物，卻均出在衰亂世。

我們再講到元代，可說是中國歷史上之黑暗時代。任何衰亂世，均不能與此時期相比。元人統治中國，前後不到八十年，但在此時期中，仍出了不少人物。如元初有王應麟、胡三省與馬端臨三大史學家，他們的著作，直到今日，在中國學術史上仍有其不朽的地位。此三人對於此下歷史上之作用與影響，可謂迄今依然。下到明初，一輩開國人物如劉基、宋濂等，也都在元代黑暗時期中養成。

明代之盛，堪與唐比。但明代人物更不如唐。王陽明出世時的明代，已是衰象呈露，大亂將起。下迨明亡，大儒輩出，比宋末元初更像樣。如顧亭林、黃梨洲、王船山，近人稱為明末三大儒，亦都堪稱為中國歷史上的偉大人物。

綜上所陳，可見在中國歷史上，凡逢盛世治世，如漢、如唐、如明、如清，所出人物反而比較少，他們對此下歷史之作用與影響也往往比較小。至於衰世亂世，如戰國、如漢末、如三國、如宋、如明末，所出人物反而比較多，其對中國歷史此下之作用與影響也比較大。我們若從二十四史中，把各時代人物作一全面的統計，便可知我前面述說之不虛。

諸位當知，此處實為中國歷史文化傳統中一項偉大精義所在。諸位如欲瞭解此中精義，諸位可自試讀《論》、《孟》、《莊》、《老》諸書。凡此諸書中所陳述，何一非人生最高理想，何一非人類歷史之偉大展望。但在他們書中，卻不見他們時代的衰亂實況來。諸位如欲認識他們的時代，當另讀《左傳》、《戰國策》等史籍。諸位把此兩方面會合看，便知他們之偉大處。他們雖生存在此時代之中，而他們的精神意氣，則無不超越乎此時代之外之上，而又能心不忘此時代。他們都是我所謂能主持一時代，而又能開創一時代之大人物。歷史只是人事記載，衰亂世自然多記載了些衰亂事。這些大人物，反而很少得記載上他們當時的歷史，然而他們卻轉成為此下最偉大的歷史人物。這道理也很明白，一人物生於治世盛世，他在當時某一事功上有所表現，他所表現的即成為歷史了。但在事業上表現出其為一人物，而人物本身，則決非事業可盡。因此，只憑事業來烘托來照映出一人物，此人物之真之全之深處，則決不能表現出。人生在衰亂世，更無事業表現，此人乃能超越乎事業之外，好像那時的歷史輪不到他身上，但他正能在事業之外表現出他自己。他所表現者，只是赤裸裸地表現了一人。那種赤裸裸地只是一個人的表現，則是更完全、更偉大、更可貴，更能在歷史上引起大作用與大影響。

此項理論，實應為歷史哲學上一大問題。我們固可說，所謂歷史人物，則必需該在歷史上表現出其事業來，才見其人歷史性之偉大。人若不在歷史上有表現，更何從見其在歷史上之地位與價值。如此說來，衰世亂世人物，自然比不上治世和盛世。普通就一般歷史言，似乎人物總該多出在治世盛世，一到衰世亂世，就再沒有人物或沒有更偉大的人物出現。但在中國歷史上則不然。惟有中國，卻能在衰亂世生出更多人物，生出更多更具偉大意義與價值的人物，由他們來持續上面傳統，來開創下面新歷史。他們的歷史性價值，雖不表現在其當身，而表現在其身後。此即中國歷史文化傳統精神真價值所在，亦即是中國歷史上一項最有意義的特殊性。

三

第二類：關於得志成功的人物與不得志失敗的人物。

所謂得志，指其在當時活動上或說在當時歷史舞臺上有所表現。不得志者，則當其身跑不上歷史舞臺，或跑上了而其事業終歸於失敗。誠然，歷史乃是成功者的舞臺，失敗者只能在歷史中作陪襯。但就中國以往歷史看，則有時失敗不得志的，反而會比得志而成功的更偉大。此處所謂偉大，即指其對此下歷史將會發生大作用與大影響言，而得志與成功的，在其身後反而會比較差。

且看中國古代歷史上兩大聖人周公與孔子。周公得志在上，奠定了周代八百餘年的天下。孔子不得志，他嘗說：「甚矣！吾衰也！久矣，吾不復夢見周公。」孔子自嘆其不能如周公，而道終不行。但孔子對此後歷史上的作用與影響，反而比周公大。唐以前的中國人多推尊周公、孔子，唐以後便多轉而推崇孔子、孟子，更少提到周公。故從歷史眼光來說，周公反而不能與孔子比，這亦因周公在當時是得志而成功的人物。周公的全心與全人格，反而給他的得志與成功全代表去了，也可說全掩蓋住了。孔子則是一位不得志而失敗的人物，因此孔子的全心與全人格，反而更彰顯地照耀在後世。

中國人又多愛崇拜歷史上失敗的英雄。對於在歷史上成大功立大業的英雄，如漢代的衛青、霍去病，唐代之李靖、李勣等諸名將，反而比較不重視。如岳飛、文天祥、袁崇煥、史可法等，雖然他們在事業上失敗了，反而更受後人敬仰崇拜。此又是中國人的傳統史心與中國文化的傳統精神所在。他們在當時雖失敗了，但對後來歷史言，卻是成功的，而且是大成功。歷史上每一時代的人物，必有成功與失敗之分。但人能在失敗時代中有其成功，這才始是大成功。在失敗時代中有其成功，故能引起將來歷史上之更成功。這一番道理，又是中國文化精義所在。

從另一方面說，衛青、霍去病、李靖、李勣諸人之成功，只表現在事業上，事業表現即代表了其人。我們可以說，衛、霍、二李，其人與其事業，價值若相等。但岳飛、史可法諸人，因為他們的事業失敗了，故其事業不能代表其人，最多只代表了其人之一部分，而此等人物之整體性，則遠超乎其事業之外。我們看衛、霍、二李，只見他們擊匈奴、敗突厥，覺得他們的事到此而止了。因而其人物之本身價值，反不見有什麼突出性。但我們看那些失敗英雄時，此等人物乃被其所努力之事業拋棄在外，因而其全心全人格反而感得特別突出。宋儒陸象山曾說：「人不可依草附木。」一有依附，其人格價值便會不出色。縱使依附於事業，也一樣如此。失敗英雄，因無事業可依附，而更見出色。

當知歷史只是人事記載，人事則此起彼落，隨表現，隨消失。只有人，始是歷史之主，始可穿過事態之流變，而有其不朽之存在。歷史不斷在變，故一切歷史事態必然一去而不復。後一事不能即是前一事，但此一人物則永遠是此一人物。只有人物模樣，人物典型，可以永存不朽。事業倒底由人物而演出。歷史雖是人事之記載，但並非人事之堆積。事之背後有人，把事業來裝點人，反把人之偉大真性減色了。正由此人在事業上不圓滿，倒反把他那個真人顯出來。

這並不是說，在歷史上凡屬成功的人物，皆是無價值。乃是說，遭遇失敗的人物，在其深厚的歷史上，反而更顯得突出。此因人物之偉大，並不能專以其事業作代表。但此也須人物自心能識得此理，又須有史學家能為此闡發。因此我說這是中國的史心，亦正是中國歷史文化傳統之真精神所在。

四

第三類：要講到有表現的人物與無表現的人物。

剛才說到，中國歷史上有許多失敗人物為當時及後世史家所推尊頌揚，他雖然失敗，但總是有所表現了。此下所講，則從一個人之有無表現來說。我們通常聽人說，某人無所表現，似乎其人無所表現即不值提。但在中國歷史上，正有許多偉大人物，其偉大處，則正因其能無所表現而見。此話似乎很難懂，但在中國歷史上，此種例，多不勝舉，亦可說此正是中國歷史之偉大處，也即是中國文化之偉大處。

例如吳泰伯，又如伯夷、叔齊，在歷史上皆可謂無所表現，而為孔子所稱道。孔子曰：「泰伯其可謂至德也已矣！三以天下讓，民無得而稱焉。」又曰：「不降其志，不辱其身，伯夷叔齊與！」似乎孔子乃在其無表現中讚揚其已有所表現。而且是表現得極可讚揚。我們也可說，此乃是在人群社會中，在歷史上，一種不沾染不介入的表現，一種逃避脫離的表現。

孟子也常稱頌伯夷，他說：「伯夷，目不視惡色，耳不聽惡聲。非其君不事，非其民不使。當紂之時，居北海之濱，以待天下之清也。故聞伯夷之風者，頑夫廉，懦夫有立志。」他的稱頌伯夷，大意亦與孔子相同。孟子又將伯夷、伊尹、柳下惠並稱為三聖人。他說：伊尹聖之任，伯夷聖之清，柳下惠聖之和。堯、舜、禹、湯、文、武、周公，是在政治上得志成功的人。伊尹為湯相，亦是政治上一得志成功人物。但伯夷、柳下惠，則並無表現，並無成功，孟子卻將他二人與堯、舜、禹、湯、伊尹相提並論，同稱之為聖人。

後來太史公作《史記》，此為中國正史之創始，為二十四史之第一部，其體例之最重要者，厥在其以人物為中心，而特創列傳一體。但太史公又將〈吳太伯世家〉列為三十世家之首，將〈伯夷列傳〉列為七十列傳之首。他在〈伯夷列傳〉中，屢屢提到因於伯夷之無所表現而無可稱道，甚至其人若猶在或有或無可信可疑間，只因孔子稱頌了他。太史公又用顏淵作陪襯，他說：「七十子之徒，仲尼獨薦顏淵為好學，然回也屢空，糟糠不厭，而卒蚤夭……。」其實顏淵也就無所表現，故太史公引來推崇伯夷無表現之偉大，而褒然列之於列傳之首。

在孔子七十二弟子中，顏淵似乎是最無表現的。孔子說：「吾與回言終日，不違如愚。退而省其私，亦足以發。回也不愚。」又曰：「賢哉！回也。一簞食，一瓢飲，在陋巷，人不堪其憂，回也不改其樂，賢哉！回也。」顏淵死，孔子哭之慟。並說：「非夫人之為慟而誰為？」然顏淵在孔門到底是無表現，不能與子路、子貢、冉有、宰我諸人相比。故太史公亦云：「伯夷、叔齊雖賢，顏淵雖篤學，得孔子而名益彰。」可見孔子最能看重人物之無表現之一面。孔子目此為德行，吳泰伯民無得而稱，孔子卻稱之為至德。德行在孔門四科中高踞第一。太史公作《史記》可謂深得孔子之意。

以下中國歷史上遂搜羅了極多無所表現的人物，而此等人物，亦備受後世人之稱道與欽敬，此又是中國歷史一特點。故我說此乃中國之史心，亦即中國文化傳統精義所在。諸位只有精讀中國史，深研中國歷史人物，始能對此有了悟。

讓我姑舉數例以作說明。如春秋時代之介之推，戰國時代之先生王斗，西漢初年之商山四皓，及魯兩生。循此以下，如東漢初年的嚴光，此人對歷史亦一無表現，但後人永遠覺得他是一個了不起人物。漢光武即帝位，以前長安太學中同學，均已攀龍附鳳，功成名遂。獨嚴光隱身不見。光武思之，乃令以物色訪之，久而後得。帝從容問光曰：「朕何如昔時？」對曰：「陛下差增於往。」因共偃臥，光以足加帝腹上。除諫議大夫，不屈。乃耕於富春山，後人名其釣處為嚴陵瀨。這一番故事，雖若有表現，只可說是無表現，亦可謂是表現了其無表現，此等更說不上得志與成功。似乎他既不像有志，亦不求有功。又如宋初陳摶，居華山修道，恆百餘日不起。又有林和靖，隱居西湖孤山，垂二十年，足不履城市，植梅畜鶴，時謂其梅妻鶴子。此等皆同為後世稱道。我們今天如去富春江畔，或去西嶽華山，或去杭州西湖，自然知道對這些人心焉嚮往。即使我們並不親歷其境，但也多知道他們的姓名，對於他們那種無所表現的人格，亦可謂乃只表現一無表現的人格，還像歷歷在目，這也真是怪事。

又如三國時代，英雄人物層出不窮，大家各顯身手。可謂在此時代中人，必是各有表現者。然亦有無所表現，而被認為第一流人物的，如管寧即其一例。管寧在當時，實是一無表現。但論三國人物，管寧必屈首指。他少時曾與華歆同席共讀，遇軒冕過門，歆廢書往觀，寧即與割席分坐。魏明帝時，華歆位至太尉，欲遜位讓寧，寧終不就。看來歆雖佩服寧，寧終不重視歆。史書稱其「雖出處殊塗，俯仰異體，至於興治美俗，其揆一也」。此亦孟子所云禹、稷、顏回同道之意。其實管寧固可比顏回之不出，而華歆又豈得與禹、稷相提並論。要之，中國史家喜歡表彰無表現之人物，真是無微不至。論其事業，斷斷不夠載入歷史。但在其無表現之背後，則卓然有一人在，此卻是一大表現。這意義值得吾們深細求解。

又如諸葛亮，好為〈梁父吟〉，每自比管仲、樂毅。他並不是不能有表現，卻又不想表現。後來劉先主三顧草廬，始肯出許馳驅。他在〈出師表〉中說：「苟全性命於亂世，不求聞達於諸侯。」今且問，此兩語是否當時諸葛真意？我且舉其友作證，一是徐庶，他知諸葛最深，應亦是一有作為人。初事劉備，曹操獲其母，庶乃辭備歸操。雖仕至御史中丞，然在歷史上，終不見徐庶曾為曹操設一謀，劃一策。其人便如此無表現而終了。又一人如龐德公，時荊州刺史劉表屢以禮延，不能屈，隱鹿門山，採藥以終。諸葛孔明常拜於其牀下，可見其人亦非不能有表現，只是寧為一無表現人。徐、龐如此，故知若非劉先主三顧草廬，諸葛定亦永無表現如徐、龐。

五

我們當知諸葛〈出師表〉兩語中，全性命是大事。懂得要全性命，自然無意求聞達。中國歷史上此種無表現的人物，真是各時代都有。他們的本領，亦只在全性命。正以全得性命，所以成得一人物，而且是至高卓至偉大的人物。我們若能彙集起寫一書，即名「中國歷史上之無表現人物」。此書亦可有大作用，大影響，至少在闡發史心，宣揚文化傳統上，可有大貢獻。

此種尊崇無表現人物之傳統，又影響到小說。如唐人〈虬髯客傳〉，即是故意要描寫一個無表現之英雄。又如《水滸傳》敘述梁山泊一百零八好漢，開始卻有一位八十萬禁軍教頭王進，此人如神龍見首不見尾，也是一無表現人物。《水滸傳》作者，把此一人閒閒敘在前面，真使後面忠義堂上宋江以下一百零八位好漢，相形減色。此種筆法，可謂與太史公《史記》三十世家以吳太伯為首，七十列傳以伯夷為首，有異曲同工之妙。可謂是能直探史心的一種大手筆，諸位莫輕忽過。

今天諸位也可說是各處在衰亂之世，不免有生不逢辰之感。然諸位一讀歷史，知道研究歷史人物，便知我們儘可做一不得志和失敗的人，或甚至做一無表現之人。這一時代是失敗了，但處此時代之人，仍可各自有成，並可有大成。只要人能有成，下面時代便可挽轉，不使常在失敗中。若人都失敗了，則一切完了，下面亦將無成功時代可期。孟子曾說：「禹、稷、顏回同道，易地則皆然。」禹、稷是有表現的人，顏回則是無表現的人，這只因時代不同。但不論有表現無表現，歷史傳統，文化精神，卻同樣主持在他們手裡。孟子又說：「人必有所不為而後可以有為。」不為正是無表現。所以若時代不許可，我們儘可不強求表現。一旦時來運轉，風雲際會，到那時自有出來表現的人。「留得青山在，不怕沒柴燒」。保留得有人，還怕歷史中斷嗎？

昔范仲淹作〈嚴子陵先生祠堂記〉，末後兩句為「先生之德，山高水長」。有一人說，「德」字不如改作「風」字，范公欣然從之。上面說過，孔子四科，德行為首，而顏回、閔子騫、仲弓、冉伯牛那些德行人物，卻都是無表現的人物，故范仲淹以「德」字來稱頌嚴光，並不錯。但改為「風」字，則更含深意。德指其人之操守與人格，但此只屬私人的。風則可以影響他人，擴而至於歷史後代，並可發生莫大影響與作用。孔子說：「君子之德，風。小人之德，草。草上之風，必偃。」孟子亦云：「聖人百世之師也，伯夷、柳下惠是也。故聞伯夷之風者，頑夫廉，懦夫有立志。聞柳下惠之風者，薄夫敦，鄙夫寬。」但孟子只言伯夷、柳下惠之風，卻不說伊尹之風，此何故？豈不因前兩人無表現，而後一人有表現？在事功上有了表現的人，反而對後世的風力少勁。因事功總不免要參雜進時代呀，地位呀，機緣呀，遭遇呀，種種條件，故而事功總不免滯在實境中，反而無風，也不能成為風。唯有立德之人，只赤裸裸是此人，更不待事業表現，反而其德可以風靡後世。在嚴子陵本人當時，只是抱此德，但經歷久遠，此德卻展衍成風。故說「先生之德，山高水長」之德字不如改風字，更見深義。否則有德之人，豈不成為一自了漢，與世無補，又何足貴？

在中國歷史上，正為有此許多衰世亂世的人物，有此許多不得志而失敗的人物，有此許多無表現無作為的人物，才使中國歷史文化綿延不輟，直到於今，經歷了四五千年的長時期，而依然存在。故我勸諸位，處衰世亂世不足怕，就是不得志或失敗了，亦不足怕。甚至於無所表現無所作為，同樣不足怕。主要的在如何成得一人物。有了人物，下面自然會不斷有歷史。但如何才算得一人物呢？此正是我這一講演所要提出，請諸位去細心研究的。

六

上面所說，似乎像指中國古人所謂立德、立功與立言的三不朽而言。德指的人格方面，功指的事業方面，言指的思想與學術方面。現在再就中國的文學方面略有陳述，文學不必全是立言。中國歷史上最受後代崇拜的三大文學家，屈原、陶淵明與杜甫，此三人，皆為眾熟知。屈原可說是一位在政治上不得志而失敗的人物，陶淵明則是一位不願有所表現的人物，杜甫則是意欲求有表現而終無機會讓他表現的人物。他們均以自己一分赤忱的熱情，透過文學，而表達出他們各自的心志來。上面說過，人在治世盛世，功成志得，有所表現，別人反而對他為人不易有更深的覺察。惟在衰亂之世，不得志，失敗了，或是無表現，這樣的人，反易使人深切看出他的內心意志來，如上三人均是。

不但文學如此，藝術亦然。如宋末鄭所南畫蘭，即是最好之一例。又如元末高士倪雲林，明末八大山人與石濤等，此等詩人畫家在歷史上可謂一無表現，但歷史卻在他們的藝術與他們的詩文上表現出來了。他們無事功可表現，所表現的則是他們之心志。由他們之心志，可以想見他們之時代，故說歷史在他們之詩文藝術上表現了。故中國人之文學，非純粹之文學。中國人之藝術，亦非純粹之藝術。重要者，乃在其內心意志一面。一人在事業上無表現，旁見側出在文學藝術作品中來表現，這亦是中國文化傳統真精神之一脈。他其人可以不上歷史，但歷史卻在他身上。他可以無表現，但無表現之表現，卻成為大表現。中國有許多歷史人物皆當由此處去看。

我在此將特地提出一「志」字。中國人常言「志士仁人」，人若無志，便亦不仁。但其所志，亦正貴在此一仁字上。孔子說：「吾十有五而志於學。」又說：「匹夫不可奪其志。」諸位如須研究歷史人物，卻須先具一「彼人也，我亦人也，有為者亦若是」之志。若沒有了此志，則古人自是古人，歷史自是歷史，和我渺不相涉，總研究不出一所以然來。

昔顧亭林嘗云：「易姓改號，謂之亡國。仁義充塞而至於率獸食人，人將相食，謂之亡天下。」又說：「知保天下然後知保國，保國者，其君其臣，肉食者謀之。保天下者，匹夫之賤與有責焉。」亭林所謂保國與亡國，是指一國之政治言。所謂保天下與亡天下，則指民族文化之絕續言。我上面所說那些歷史人物，則多是有志保天下的人。他們在歷史上，有許多亦僅只是一匹夫。但文化絕續，時運興衰之大責任，他們卻把己身來擔起。

我們今天所處的時代，或許比歷史上任何時代更衰更亂。可是我們的處境，比起古人來，實未見困難更甚。如我們能設身處地，平心去研究我們歷史上許多處衰世亂世的人物，許多不得志失敗的人物，甚至許多無表現無作為的人物，便知今天的天下興亡，我們也實在責有難逃。若我們脫離現實，只馳心空想漢、唐盛世，只馳心空想一旦得意來做一個歷史上成功的人物，則深恐河清難俟，我們也只有嗟嘆終老，但也好因此把我們的責任交卸淨盡了。

《易經》上亦說：「天地閉、賢人隱」，隱了自然沒有所表現。中國文化之偉大，正在天地閉時，賢人懂得隱。正在天地閉時，隱處仍還有賢人。因此，天地不會常閉，賢人不會常隱。這些人乃在隱處旋乾轉坤，天地給他們轉變了，但別人還是看不見，只當是他無所表現。諸位想，這是何等偉大的表現呀！諸位若有志，不妨來搜羅隱逸，寫一部中國賢人傳，把中國歷史上那些無表現的人物，自許由、務光、吳泰伯、伯夷、叔齊起，從頭敘述。我想只在正史上，又何止有千百人。他們之無所表現，正是我們日常人生中之最高表現。諸位若再搜羅到各地地方志，及筆記小說之類，更可找出很多這類的人物。這是天地元氣所鍾，文化命脈所寄。今天我們只看重得志成功和有表現的人，卻忽略了那些不得志失敗和無表現的人。因此也遂覺到自己並無責任可言。諸位當知，中國歷史所以能經歷許多大災難大衰亂，而仍然綿延不斷，隱隱中主宰此歷史維持此命脈者，正在此等不得志不成功和無表現的人物身上。

但在今天，我們心目中已無此等人物的地位存在。縱使尚有隱了的賢人，我們也將覿面不相識，此實是中國文化的極大不幸極大危機。我們當求再認識此等人物之可貴。人或問，我一匹夫，怎能負起天下興亡之大責？其實匹夫也好，匹婦也好，只要他能像像樣樣地做一人，便是此責已盡。

從人物來講歷史，近人或許已認為是落伍了。至於研究歷史而注意到這些無表現的人物，近人將更認為此與歷史無關。此話亦不錯，此等人本可以不載入歷史。但歷史的大命脈正在此等人身上。中國歷史之偉大，正在其由大批若和歷史不相干之人來負荷此歷史。諸位今天，也莫要認為自己和歷史不相干，諸位亦正該負荷起此歷史之重任。

或有人問：你是講歷史的，將來中國前途如何，你該有一看法。其實我亦那能燭見未來。我只見向來歷史是如此，在此亂世，我亦只能說：「苟全性命，不求聞達。」諸位或許又會問，現在時代變了，人人得有一分自由，該有一番表現，為何卻要置身事外做一無表現的人？此則又須回復到我上次所講修身、齊家、治國、平天下的話題。當知各人的成敗，全視其「志」「業」。但業是外在的，在我之身外，我們自難有把握要業必成。志則是內在的，只在我心，用我自己的心力便可掌握住。故對每一人，且莫問其事業，當先看其意志。

中國古人又說「詩言志」，中國人有時把此志只在文學中詩中來表現。若我們把西方人觀點來看中國人，有時覺得像是不積極，無力量，無奮鬥精神。我亦常說中國史像似一首詩。但詩中有志，看似柔軟無力，卻已表現出無限力量。詩可以風，我們不得已而思其次，不治史，姑且學詩。中國詩裡的理想境界，則必是具有風力的。風來了，萬物滋生。諸位若能從詩中披拂到一些古人之風。諸位又若能把此風吹向他處，吹向將來。諸位當知風是無物能阻的。風大了，自能所向披靡。且待我們大家來吹噓成風吧！

第七講　如何研究歷史地理

一

今天我的講題是「如何研究歷史地理」。

有人說，歷史等於演戲，地理則是歷史的舞臺。此譬實不切合。一群演員，可以在任何戲臺上演出同樣的戲來。但歷史演員，則正在此特定的地理上演出。地理變，歷史亦變。在這一舞臺上演的戲，不一定能在另一舞臺上演。上帝創世，先造地，後才造人。這世界各處地理不同，人生長在各地上，也就得不同。各地的氣候、物產、交通情況等各不同，於是人亦因地而異。非洲人固不同於埃斯基摩人，希臘人亦迥異於蒙古人。地不同，人不同，因此歷史演變亦不同。孔子不能出生在印度，釋迦牟尼不能出生在耶路撒冷，耶穌亦不能出生在中國，此有地理和歷史的雙重限制。

中國古時，常把天、地、人三位合在一起講，這是有一番極大的現實真理在內的。故研究歷史，同時要懂得地理。若把天代表共通性，地則代表了個別性。人處於共通的天之下，但必經由個別的地，而後再能回復到共通的天，此為人類歷史演變一共同的大進程。人由個別性回歸到共通性，亦為人類文化理想一項大目標。只有中國歷史深明此義，並亦一貫保持此趨向。歐洲歷史則不然。他們的個別性勝過了共通性。換言之，他們的地域限制，顯示出其在歷史上之特別重要性。如希臘、羅馬史，都顯示出有一種地域區分。現代英、法、德、意諸國，亦顯示其乃由地域區分而演出。西洋史因受地域性之限制，而成其為分裂的。中國歷史則總是合而為一。自始到今，只是一個中國。

若我們另用歷史區域一名詞，則整個中國總在此區域之內。所包容之地理分別，縱是依然存在，可是因其上面有一歷史區域之共同性，超越了此地理區域之個別性，而包蓋涵容了它，因此中國歷史上的地理區別之重要性遂不易見。中國歷史是包融著廣大地域，不分裂的。

講到歷史時期，西洋史是斷續的。如希臘史斷了，接上的是羅馬史。中國歷史則不然，我們決不能說春秋史斷了，接上來有戰國史。戰國史斷了，接上來有秦漢史。中國歷史只是涵氣內轉，一貫直下。故中國歷史區域大，時間長，因而其一切變動都隱藏在歷史內部，看不出，分別不易。中國的歷史地理，好如一大舞臺，一批批演員此進彼出，所演的是一本本的戲。但老在此舞臺上，外表看似單純，而實際則甚複雜。西方歷史則一反於是。時時改變舞臺，不僅演員變，甚至舞臺亦變。故西洋史之複雜性顯在外，即在其地理上，千頭萬緒，一見便知其不單純。其實中國的歷史區域所包容的地理區域之複雜性，決不單純於西方，而且更遠為複雜。一部中國史，幾等於全部歐洲史。

讀西方史，其各地區之相互鬥爭與彼此起落，頗易見。讀中國史，其各地區之相互融和與彼此配合，其事卻不易見。故如不明瞭中國地理之複雜性，便不可能深切瞭解此一中國歷史區域之單純性之表現之偉大意義與價值之所在。故學習中國歷史，更應先熟諳中國地理。姑從最淺顯處說，如治春秋史，若我們不知道晉國在那裡，楚國在那裡，齊國、魯國在那裡，秦國、吳國又各在那裡，試問我們如何能瞭解得春秋史。又如讀自秦以下的歷史，東漢和西漢不同，宋和唐不同，明又和宋不同，這裡面有很大的地理背景不同，疆域不同，首都不同，國防形勢不同，經濟命脈不同，種種有關地理狀況之不同之極大差異在內。因此我們若不明白各時代的地理情況，便不易明白到各時代的歷史事實。

再進一步就東西雙方歷史大趨勢言，西洋歷史是轉動的，自小地面轉向大地面，自低地轉向到高地，自溫暖地區轉向到寒冷地區。一部歐洲史從希臘開始，轉向到羅馬意大利半島，又轉向到西班牙、葡萄牙，再轉向到荷、比、英、法諸國，再轉向到德意志，直至今又轉向到蘇俄，其在地理區域上之輪轉動態，大致如此。中國歷史趨勢，不好說是轉動的，只好說是展拓的。中國史是最先從某一狹小地區，展擴到廣大地區去。由是而再從廣大地區推拓到較狹小的地區，從高燥地帶推拓到低濕地帶，從寒冷地區推拓到溫暖地區的。此一不斷推拓的過程，即自北方黃河流域推拓到南方長江流域，再推拓到更南方的珠江流域，其大勢是如此。此為在中西雙方歷史區域中，所包涵之地理背景之一個絕大區別。更主要的，乃在其動的形態上。我們若能自此著眼來研究中西歷史，似乎更可對中西雙方歷史所表現的不同趨勢與不同精神，瞭如指掌。若我們把握到此一大概念，再向裡深入，便可有許多更深邃更重大的發現。而主要則在研究歷史同時能注意到它的地理背景。

講到一個歷史區域在地理上的不斷推拓，只有美國與中國有相似處。美國自十三州開始，由北向南，自東向西，地面繼續開闢，而仍只在此同一歷史區域之內。這與古羅馬以及近代英、法諸帝國主義之向外征服絕不同。一是憑其國力富強，僅是一種地理區域之擴展。一則表現其文化精神以及歷史區域之放大。若使美國沒有近百年來之西部發展，美國文化當不能有今天的情形。也正如中國古代北方若沒有向南方長江流域擴展，也不能有秦、漢以後之成就一般。若論往日之大英帝國，曾有一時期，見稱國旗所插處永不見日落。但疆土推拓，即與文化進展無關。英國人仍只是此英國人，就其文化精神言，則仍限在英倫三島。正如東方往昔之蒙古帝國，鐵騎所至，蹂躪歐、亞，但與蒙古民族之原先文化殊無補益。

中國之偉大，正在其五千年來之歷史進展，不僅是地區推擴，同時是歷史疆域文化疆域也隨而推擴了。美國之西部推拓，只不過百餘年歷史，自然也不能與中國相比。中國歷史文化傳統之偉大，乃在不斷推擴之下，而仍保留著各地區的分別性。長江流域不同於黃河流域，甚至廣東不同於廣西，福建又不同於廣東。中國民族乃是在眾多複雜的各地居民之上，有一相同的歷史大傳統。上天生人，本是相同的，但人的歷史卻為地理區域所劃分了。只有中國，能由分別性匯歸到共通性，又在共通性下，保留著分別性。天、地、人三位一體，能在文化歷史上表現出此項奇蹟來的，則只有中國了。

二

以前學者研究歷史地理，多先注意看兩部書，一是《禹貢》，一是《漢書・地理志》。兩書相比，後者似更重要。不論《禹貢》是戰國人偽撰，在《禹貢》書中，亦只注意在政治和經濟方面。而《漢書・地理志》則開始注意到各地區的文化背景。因於各地區氣候、生產、交通種種條件不同，而影響到人生文化方面者，其事極深微。要之，各地居民，相互間性格有不同，風俗習尚有不同，心理狀態與精神活動都可有不同。《漢書・地理志》根據《詩經》十五〈國風〉，來敘述推論當時各地區之歷史傳統和文化特點。此一體統與特點之提示，大值我們注意。惟春秋時代十五〈國風〉所詠，大部還是在中國北部黃河流域。我們若細分之，也可說，《詩》中〈雅〉〈頌〉部分，是代表著古代中國之西方。十五〈國風〉，則代表著當時之東方。但後來中國疆域不斷擴大，由黃河流域到長江流域，而中國乃有南北之分。如戰國時，莊子、老子都是淮河流域人，《楚辭》產生在漢水流域，然在古人已都目為是南方了。

當時人，對南北地域人物思想不同，生活態度與精神動向不同，已早有注意。我們也可說，道家思想與《楚辭》文學，已是中國古代文化中，隨後加進的新產物了。但後來中國疆土開拓，愈推愈南，到三國時代，北方有魏，南方有蜀與吳。此後經五胡之亂，大批人從北方遷移到長江流域，而有南北朝之對立。到此時，中國又正式擴大了南方一片新的歷史疆域。在中國文化中，又加進了很多新的成分，引起了很多新的變動與新的配合。到唐代，南北又融合為一。下經安史之亂，南部重要性日益增高，自五代十國迄宋代，南方的重要性竟已超過了北方。我們也可說，唐以前中國文化主要代表在北方，唐以後中國文化的主要代表則轉移到南方了。

南宋以下，中國歷史疆域愈往南推拓，極南部的珠江流域亦變成中國歷史上極重要的一部分。

此時長江流域已成為中國的中部，淮南已成為北方，所謂南方便讓給珠江流域了。在古代，五嶺以南，雖已早屬於中國之版圖，但也可說尚未加入中國文化的大統。唐代廣東人在政府中任高職的，只張九齡一人，他是曲江人，還是在廣東的較北部。至於閩人考進士的，要到韓昌黎時代才有。但佛教禪宗六祖慧能，竟可說他在中國創立了新宗教，其對後來影響之大，甚少人能比。慧能亦是粵人，惟大致說來，唐以前廣東著名人物究不多見。

孔子在中國歷史人物中是最偉大的，後來惟南宋朱子，其影響之大差堪相隨，而朱子實為一閩人。故在唐以後，中國南方出了兩大偉人，即慧能與朱子。南方地區對中國文化上之貢獻，可謂已超越了北、中兩部。直至近代，南方影響更大了。如太平天國起於粵，平定洪、楊者多屬湘人。民國開創，孫中山、黃克強以至蔡松坡，都生在湘粵。近十年來，盤據大陸的毛澤東，也是湘人。撇開其成敗是非功罪於不論，可謂南方人在中國歷史上占有重要地位，實自現代開始。大致來說，古代中國是北方人的，長江以南地區正式露頭角占地位要自唐宋始，珠江流域出生歷史人物則為更後之事。

三

上面當然是一種極粗略的敘述。古代北方，後來已被稱為中原了。所以中國歷史上之地理推拓，應列為研究中國歷史主要一項目。若我們亦如研究西洋史般來研究中國史，把此歷代區域中之地理背景，一一加以分別，逐地逐區，隔開來看。其人物性格，其社會風尚，其經濟榮枯，其文化升降，各方面均可發現出無限複雜，無限變動，並可有無窮妙義為前人所未加注意者。但更重要乃在中國如何能將此不同地域之不同的人文背景，不同社會，不同性格、嗜好、心理傾向與精神嚮往等，多方面之人群，匯通和合，冶之一爐，使其同成為中國人，鎔鑄成一個中國文化，展演出一部中國歷史來。

此事已往在中國，似乎不成一問題。但我們現在面對著一部歐洲史，看他們直從希臘以來，永遠是分崩離析，各自立國，互不合作。雖面對大敵，危機在前，其各地區之不能融和相協，依然如故。但中國何以能致於大一統，能將不同地區，不同性格，不同風習之人群，共同陶冶在同一文化系統之下，共同來創造此一歷史傳統？中國之地理擴展，並非如西方帝國主義憑武力來向外征服，而是一種自然的趨向於文化的凝聚與統一。因此，西方歷史看似複雜而實單純，其複雜在外面，而內裡則單純。中國歷史看似單純而實複雜，其單純在外面的形式，而內裡精神則實是複雜。西方歷史上之所謂英國人、法國人，只似一種化學單位。而中國歷史上之中國人，則似化學上一種混合製劑。

我要問諸位，未來世界人類前途究該永遠分裂抑宜融和相通？如果答案肯定在下一面，則未來的大同世界，應非採用中國理想走上中國人的歷史道路不可。正因世界上唯有中國人無地域偏見，無民族偏見，而能高揭一文化大理想來融通各地域，調和各人群。尤其是中國儒家能力持此一理想，並亦有已往歷史可為作證。如西方各自分開，各求發展，總會有毛病。如中國，統諸異，求一同，愈統會便愈複雜，愈融和便愈變化。若非細參中國歷史，諸位或許不易接受此說法。

今天的西方人，講歷史人類文化前途，似乎均帶有一種悲觀氣氛。其實西方人自有歷史哲學以來，便是帶有悲觀氣氛的。此話如何說起？如西方歷史哲學家黑格爾，他認為人類最後命運當掌握在日耳曼民族手中。此一觀念，便已是悲觀的。難道上帝特為日耳曼人來創造此世界的嗎？討論人類文化前途，自應高瞻遠矚，不應專著眼在日耳曼一地域與日耳曼一民族。此下馬克思的辯證唯物史觀，亦屬悲觀論調。他說資本主義社會必然崩潰，共產主義社會必然興起，全世界無產階級必然有一天會聯合起來打倒目前的資本主義。至少此項觀念對西方來說是悲觀的。只因馬克思是猶太人，他本人對西歐文化本無切身痛癢，故由他說來，好像不覺是悲觀。猶如黑格爾是日耳曼人，他為自己民族自豪自吹，他看世界人類文化命定地要轉落在日耳曼人手裡，在他意想中亦不覺是悲觀。但由對方看來，則實際是一種悲觀。

今天的蘇維埃，把自己置身於西歐之外，他們崇奉馬克思，認為人類前途則必然在他們手裡，他們覺得是一種興奮，不感其是悲觀，也正如黑格爾給予日耳曼民族以一種興奮，而不覺其悲觀一樣。從前人不察此理，認為西方悲觀歷史哲學，自德人斯賓格勒始。其實當推溯到黑格爾。故我說西方人講歷史哲學，是徹頭徹尾有悲觀傾向的。若問其何以如此，則因其不能擺脫地域偏見，民族偏見，乃至階級偏見故。

當前英國文化史學者湯恩比的文化觀，亦是悲觀的。他以生物學上的刺激與反應說，來闡釋人類文化的發展。其實就近代西方文化言，他們的富強力，早足以征服世界，宰割世界。在他們外面，並不能有何力量來刺激他們。他們之病象，乃由他們內部生出，而非外界所給予。湯恩比並未能深切看出人類文化以前與以後之真問題、真癥結之所在，故他列舉世界人類文化，乃至分成七八十種之多。可知湯恩比講人類文化，依然限於地域分隔，不能調和融通來看。若儘依此地域與民族之分隔看法，則只在英倫三島，也可有愛爾蘭起來自鬧獨立。宜乎世界各地文化，永遠不能超出生、老、病、死之輪迴悲劇了。更可笑的，是湯恩比將人類文化分成西方與東方兩部，而將今天的蘇俄硬派到東方來。其實共黨鼻祖馬克思，原籍在德國，其血統則出猶太。逃亡倫敦，從事著作，他個人純係在西方環境中培養而成。他的歷史哲學，也全根據西方歷史作證。無論如何，共產主義不能算是東方文化中的出品。

四

上帝創世，先造地，後造人。複雜多異的人，生於複雜多異之地面上。耶穌曾說過：「上帝的事歸上帝管，凱撒的事歸凱撒管。」但不幸凱撒是一羅馬人，先是地域性把他限了，他又如何能管理全部地面上的人呢？西方觀念之悲劇性，正在不脫離此狹隘地域性的束縛之一個原因上。有的中國人也信了斯賓格勒之說，有的認為中國文化到戰國以後就停止了，或竟是熄滅了。有的認為唐以後中國文化是停止了，熄滅了。但我並不如此想。即論西方文化，也並沒有死去。自希臘、羅馬以迄今日，直到蘇維埃，均是歐洲文化在演變。若限於地域觀念，則感到希臘、羅馬文化都死了。

中國文化之到今仍能存在，只用歷史上的地理分析，也可用來作說明。中國歷史上每經一次大亂，必有大批人士，由其原地址流亡遷徙到新的區域去。一個文化在某一地區的一個社會上一長久，便會因種種關係而呆滯停頓下來，不再能前進。但正如植物一樣，如果施行接枝移植，便又會重生新枝，再見發榮。一粒種子，播到新的疆土，遇到新的養料，便會產生新的生命。

西漢末年，長安已殘破。東漢末，洛陽又成一片荒墟。五胡之亂，一部分中國人遷往遼東，一部分遷往西涼。待到北朝興起，此兩支人再匯合起來，茁長了新生命。其大部分遷往長江以南的，則成立東晉與南朝。此下南北朝再經匯合，即有唐代新盛運興起。此種文化新生，乃因新地域得來。譬如佛教傳來中國，也得到了它的新生命。佛教在南方，遇到一不識字的慧能，即創立了禪宗，成為佛教後起一大生命。又如儒家，本在中原北方，到宋代新儒家便大部是南方人。中國文化永遠在大地面上，因於不斷的播遷，反而生發了文化新生。如能照此路線深入作研究，亦可闡述出中國文化所以能綿亙四五千年而長見其不衰不老之一個理由來。

講到此處，我不禁想到今天海外各地遍佈中國流亡人士的足迹。我認為經過這一次新的播遷，可能又醞釀出中國文化此下的新生命。將來此大批流亡人士，必然有一天會回到祖國，在中國歷史上必然會有一番新配合與新開展，這是根據已往歷史而可推想其可能的。斯賓格勒的歷史悲觀論，只因為他們限於一地域，限於一民族，把來各自獨立分開算，則一個地區衰了敗了，便像無法再站起。如把中國歷史來看，豈能說齊國亡了，魯國亡了，吳國亡了，越國亡了，他們各國間的文化也就中斷不見了？若西歐人也能如中國般，早就融凝成一個大國家，早就陶鑄為一個大民族，他們的文化，豈不也會和中國般長生不老嗎？

故就中國以往歷史事實言，中國的文化新生，與其一番新力量，大體均係在新地面新疆土上產生。故我謂中國文化之發展，乃係隨於新地域之轉進而擴大。諸位不妨自史籍中細心找尋資料，為此作證，大可寫成一冊數十百萬言的巨著來，將為世人討論人類文化問題者一新耳目。

當然上面所說，只是一番極粗略的敘述。即如古代中國之北方，後來也被稱為中原了。中國歷史上的地理展擴，同時即是文化展擴，此中大有值得研究處，我只借此處指出，供諸位作參考。

五

現在也有人說，西方文化發生在都市，中國文化植根在農村，此語亦有理。但中國也有都市，西方也有農村。只是西方都市其形勢常是對外的，它們都市中之工商業，必求向外伸張，以求維持此都市之存在與繁榮。因此都市與都市間，也成為各自獨立而又互相敵對之情形。中國都市則由四圍農村向心凝結而成，都市與農村相互依存。農村既是大片地存在，都市與都市也相互聯絡融和合一。因此西方帝國主義，同樣是向外伸張。而中國歷史上之地理推擴，則亦同樣只是一種向心凝結。帝國主義之向外伸張，外面殖民地可以叛離而去。中國文化之地理推擴，則在其文化內部，自有一向心凝結之潛力存在。但由上面再引伸，近似玄論。我們試再歸回到本題上。文化推擴到新地區，可以獲得新生命與新進展，已在上面說過。但若一地文化衰落，是否可以再興復活呢？此層值得再論。

上面又說，西方文化主要在城市，中國文化主要在農村。城市繁榮，此起彼落。農村雖有興衰，但比較穩定。因此，作為農村凝結中心的城市，亦自與相互爭存的城市不同，而聯帶有其穩定性。讓我把在中國文化系統中，占有較長歷史性的兩個地區，來比較作證。一為今之山東省，一為今之河南省。為何我們不舉長江流域之江浙或珠江南部的閩廣諸省呢？因這些地區加入中國文化傳統中比較遲。而此兩省，直上直下，幾千年來都在中國文化大統中占有人文成就上的重要地位。這兩省時經戰亂，時遭饑荒，變動極大。但屢起屢仆，屢仆屢起，並無所謂文化一衰即無再興之理。我們今日若有人來寫一部「山東、河南兩省文化興衰之綜合研究」，我想這一題將是饒有意義的。當然不限此兩省，即拈別地區作例，亦同樣有意義。

上述中國北方，是中國文化的老家。就今天講來，一般情形北不如南則有之，但諸位莫說中國北方已老了衰了，中國文化已轉移到南方來，此實一大錯誤。但我們希望中國文化的發源地北方中原，能重來一大振興，則是應該的，而且也是重要的。

六

今天所講，也可說是講的文化地理。地理與文化有關，如氣候、水土、山川形勢、物產風景種種要素，皆與人類歷史文化有大關係。如一輩子生長在香港的人，將不能真瞭解中國之北方。中國北方水土深厚，其人物也比較穩健踏實。香港人非親到北方，便不易瞭解。但中國北方人若不親來香港，也一樣瞭解不到香港。諸位試想，中國地理有如此般的複雜性，此地人不到那地，便不易瞭解到那地，但不害其同樣成為中國人，同受中國文化陶冶，這又是何等偉大的一件奇事呀！我講至此，就想到講歷史不能單靠書本知識，還要多遊歷。例如信耶穌的須到耶路撒冷去，佛教徒須到印度，崇拜孔、孟便想去曲阜、洙泗一遊。因遊歷可得更深更親切的知識，決非徒求之於文字書本者可得。

尤其是中國各地，無論通都大邑，窮鄉僻壤，都有歷史上的名勝古蹟，人物遺風。即就香港言，原本是中國極南一小島，在中國歷史上似無地位可言。但諸位在此，便知香港亦多歷史故蹟。遠的如南朝時代之青山寺，重大的如宋、元之際之宋王臺等。我的故鄉是江蘇無錫，小地名叫梅里，遠從吳泰伯起，下迄東漢梁鴻，直到明、清近代，有一書名《梅里志》，此書現在美國各大圖書館中亦均可見到。此書敘述這梅里一小區域中，所有之歷史故蹟名人遺踪。我幼時常好繙閱，真是可謂接觸了中國歷史之一角。我想在座諸位，各自回憶自己之故鄉，亦必各可清楚記得自己故鄉所有之歷史故蹟名人遺踪。即如廣東人講到曹溪六祖，豈不是唐以後中國文化史上一了不起的人物嗎？故中國地理，已能和其歷史交融密合緊配在一起了，沒有一地無歷史關係，無文化消息。若我們能到國內各地遊歷一趟，真可能是應接不暇，流連無盡。諸位到一處，才可明白此一處之歷史，此一處之人物，與此一處之文化。以遊歷來作印證，以遊歷來求發明，這實是有意研究中國歷史文化一重要的步驟。

我常聽有人說，中國民族同化力大，故歷史上不斷有外族入侵，都給我們同化了。這話也非不是。但更要的是，中國人如何能先自同化自己，成其為同一中國人。這一問題，顯然比前一問題更基本、更深入。又有人說，中國地理易於統一，不如歐洲地理之易於分裂，這卻未見其誠然。我不知法、比、荷、德的地形如何定須分離，我又不知同一條多瑙河順流而下，如何定須隔斷。但在中國春秋時，晉國人自稱為表裡河山，足可獨立的。戰國時，秦國見稱為四塞之國，難於被侵的。後來的四川，人道是：「天下治，四川後治。天下亂，四川先亂。」試問如江、淮、河、漢諸大流，如太行、秦嶺、五嶺諸山脈，比較起歐洲地形來，何以必見為易於統一，不易分割呀？這裡面決不是自然地理的關係，而是人文歷史的關係。否則如我家鄉太湖流域江、浙兩省，若要模倣歐洲，至少亦該分江南、江北、浙東、浙西四國吧。只因我們習慣了在字面上在口頭上，老說中國和中國人，卻不仔細討究其成為中國和中國人之一切歷史文化來源，所以我今天特地提出研究歷史地理一題目，也如研究歐洲史般，不妨起一番心，分著地區來研究。每一地區，從其歷史演變中，自上到下，溯源竟流去探討，去追求。即如我的家鄉蘇州人，在春秋、戰國是這樣的，到明、清兩代又是那樣的。又如廣東在兩漢時代是那樣的，在南北朝、隋唐時代又是那樣的，在近代中國又是那樣的。我們才知中國幾千年來，能在這廣大多異的地面上，自己摶成一民族，創立一文化到今天，其間確有不平凡的意義存在。若我們忽忘了此地理的一面，只像一條線般，由上而下來講中國史，則將失去其中許多的精采和真實。

第八講　如何研究文化史

一

今天是中國歷史研究法的最後一講，今天的講題是「如何研究中國文化史」。

以上七講有關研究政治、社會、經濟、學術、人物、地理各方面，均屬研究中國文化的一部分。我們如果專從文化史來講，則其範圍應仍比上述各方面為大。可以說，文化是全部歷史之整體，我們須在歷史之整全體內來尋求歷史之大進程，這才是文化的真正意義。進一層說，歷史是人事記載，但有很多人事不載入史籍中。並非不重要，只為向來史體所限，故不一一載入。適才所說的歷史整全體，則是兼指載入史籍與未載入史籍的而言。換言之，文化即是人生。此所謂人生，非指各人之分別人生，乃指大群體之全人生，即由大群所共同集合而成的人生，包括人生之各方面、各部門，無論物質的、精神的均在內，此始為大群人生的總全體。又當是立體的，而非平面的。即是此整全體之大群人生之兼涵歷史演變在內者。中國文化延續數千年以至今天，由其歷史演進之總全程，包括一切方面，而來研究其匯通合一之意義與價值者，乃是所謂文化。

「文化」一詞，亦從西方翻譯而來。中國從前人研讀歷史，只要懂得人物賢奸，政俗隆污。憑此一套知識，可以修己治人，則研習史學之能事已畢。現在則世界棣通，各地區，各民族，各有一套不同演進的歷史傳統存在著。如何從其間研覈異同，比較得失，知己知彼，共圖改進。於是在歷史學之上，乃有一套文化學之興起。此在西方不過百年上下之事，但中國古人實早有此觀念。《易經》上有「人文化成」一語，文即指人生之多采多姿各種花樣言。人群大全體生活有各部門，各方面，如宗教、藝術、政治、經濟、文學、工業等，各相配合，融凝為一，即是文化。此多樣之人文，相互有配合，先後有遞變。其所化成者，正與近代人文化一觀念相脗合。故此一翻譯，實甚恰當。自此處言，可見文化即是歷史，惟範圍當更擴大，內容當更深厚。若我們有意研究文化，自須根據歷史。因文化乃是歷史之真實表現，亦是歷史之真實成果。捨卻歷史，即無文化。

但從另一方面看，研究文化須有哲學智慧。文化本身固是一部歷史，但研究文化則是一種哲學。全部歷史只是平鋪放著，我們須能運用哲學的眼光來加以匯通和合，而闡述出其全部歷史中之內涵意義，與其統一精神來。此種研究，始成為文化史。但文化並非即是一套哲學，哲學亦僅只是文化中之一部門。若認為文化是一套哲學，此實大誤。近人如梁漱溟氏著有《東西文化及其哲學》一書，彼似乎只根據哲學觀點來討論文化，亦嫌不足。我們當知討論文化，此討論之本身即是一種哲學了，但所討論者則並非哲學，而是歷史。哲學可以凌空討論，而歷史與文化之討論，則必有憑有據，步步踏實。此一分辨，先當注意。

二

我下面所講，並不想講中國文化內容如何，乃是講研究中國文化必具有某幾項該注意的觀點。除了開宗明義的第一點，即研究文化史要具有哲學頭腦，並以歷史事實為根據外，尚有下列諸點，茲逐一分疏，加以說明：

其一：討論文化史要注意辨異同。

有人說，人類本體既相同，則世界各地區所有文化應亦無大差異。此說誠亦不錯。但我們試舉一位音樂家與一位運動家作例，一人善鋼琴，一人善網球，此兩人除此一項相異外，其他方面或可說百分之九十九相同。但我們所要注意者，正是此兩人間一善鋼琴與一善網球之差別所在。

若忽略了此異處，便成為無可說。人同是圓顱方趾，同是五官四肢，但人心不同如其面，雖同是如此圓顱五官，卻不該把他們異處抹去。西方學者似乎到今天才始感到有文化學研究之必要。因他們已知世界各地區各有不同的民族文化傳統，除卻西方自己一套以外，尚有其他文化存在。即就西方歐洲言，如英、法、德、意諸國，他們也感到相互間各有不盡相同的文化傳統。因其有此覺悟，才始知有文化研究之可能與必要。我們縱不說文化是多元的，但至少是歧出的。若專從同處著眼，如何能盡文化研究之能事？

在二三十年前，常有人說，西方文化只比中國文化走前了一步，中國文化僅相等於西方的中古時期。若中國能再前一步，便將與現代西方文化無二致。此可謂是一種文化抹殺論者。世上各民族文化傳統儘自有其相同處，然而仍必有其相異處，因此乃有各種文化體系可說。當知每一文化體系，則必有其特殊點所在。有其特殊點，乃能自成為一文化體系而存在。不能謂天下老鴉一般黑，一切文化則必以同於西歐為終極。

其二：討論文化須從大處著眼，不可單看其細小處。

如西方人初來中國，看見女人裹小腳，男人拖長辮，便認為此是中國文化。此亦是中西一相異處，亦是一特點，但太瑣屑細碎了。研究文化若專從此等處著眼，則將永不識文化為何物。若我們指認街上一人，說其面有黑痣，此並不錯。但若要我們介紹自己一親戚或朋友，我們若只說其人面有黑痣，此外更無可說，那豈不成大笑話。此等說法，我則名之曰「文化的枝節論」。但見有枝節小處，不見有根本大處。此刻的中國人，男的都不拖辮，女的都不裹腳，但中國文化依然有其獨特處，此即枝節與根本大小之辨。

其三：討論文化要自其匯通處看，不當專自其分別處尋。

我剛才說過，政治、經濟、思想、學術、藝術、宗教、工業、商務種種項目，都屬文化之一面。但在其背後，則有一會通合一之總體。我們若各別分講上述諸項，雖均屬文化範圍之內，但所講只是宗教、藝術、政治、文學等等，並不即是在講文化。例如一個人，他的日常生活總可分多方面來說。如在學校，在家庭，或在其他的社會場合中。須把此多方面匯通綜合起來，才說得是明白瞭解此人。如只能分析，不能綜合，此如佛經所說盲人摸大象，有的摸到象鼻，有的摸到象腳，凡此盲者所接觸到的，固然均屬象之一部分，但部分不即是全體。一隻象不能即是象鼻或象腳。凡此盲人所接觸者，則並非是一象。若研究文化問題，不能從其匯通處看，不能從其總體上求，則最多仍不免是一種文化之偏見。

其四：討論文化應懂得從遠處看，不可專自近處尋。

要知文化有其縱深面，有長時期的歷史演變在內，不可僅從一個平切面去認識。如我今天所講，有的是當前事，有的有一、二十年歷史在背後，有的乃就兩、三千年之歷史傳統言。又如諸位看香港社會形形式式，豈不同樣有當前事，有一、二十年前事，乃至更遠的存在？諸位當知，專就存在於香港社會的事事物物言，亦儘有可追溯到一、二千年以上者。諸位當知，文化進展莫不有其長遠的途程。在其途程中有波瀾曲折，有迂回反覆，不斷有新的加進，但亦永遠有舊的保留。若橫切一平面看，便不看見此進展大勢。固然以前進展也儘多保留在此平面上，但必須知此平面亦必仍然在進展中。

記得我在小學時代，一天，有一位先生知道我正看《三國演義》，對我說，此書不足看，開頭便錯了。他說：「天下大勢，分久必合，合久必分，一治一亂云云，那只是中國人老話。如今世界進步了，像現代西方英、法等國，他們是治了不再亂，合了不再分的了。那裡像《三國演義》上所說。」此係六十年前事。但以六十年後今天情形來說，那位先生的話，準說錯了。我想此種說法，只能稱之為文化的短視論。

文化演進，總是如波浪式的，有起有落。正如一個身體健康的人，他也會有病時。一個身體孱弱的，也會有康強時。所以衡量一人之體況，該看其前後進程。看文化亦然。近幾十年來，國人對自己傳統文化的看法，似乎都犯了一個短視病。都只從一橫切面來說。若我說中國文化有價值，便會有人問，既有價值，如何會成今天般光景？但我也要問，西方文化進程中，難道從沒有過衰亂與黑暗的日子嗎？以前歷史有變，難道以後歷史便再不會有變，老該停在今天當前的這般情形之下嗎？我剛才所舉六十年前我的那一位先生所告訴我的一番話，那時的英國、法國，豈不正是如日中天？我的那位先生正為只從他那時的平切面看，認為英、法諸國再不會走下坡路。但在今天，由我來回頭敘述，真使人有白頭宮女說玄宗之感慨了。這不過是前後六十年間事而已。故知我們對一個民族文化傳統之評價，不能單就眼前所見作評判的定律。我們應懂得會通歷史全部過程，回頭從遠處看，向前亦往遠處看，才能有所見。

其五：討論文化應自其優點與長處看，不當只從其劣點與短處看。

此因任何一文化系統，必有其優點與長處，當然也必有其劣點與短處。就已往及當前言，世界任何民族所創出的任何文化體系，尚無一十全十美的。將來是否能有一個十全十美更無毛病的文化體系產生，很難說。恐怕人類文化，將永遠不會有十全十美的。這是上帝造人如此，也無可奈何。我們接待人、領導人、教誨人、或希望督責人，也只有從其長處引進。若專心一意來指摘人短處，則人非聖人，均難自免。如有人長於音樂，我們正可從音樂方面來鼓勵培植他，卻不宜笑罵他別的甚麼都不會。專從人短缺處吹毛求疵，則一切人將見為一無是處。

對人如此，對己亦然。不能說專對自己尋瑕求玷便是好。這可說是一種文化自譴病。今天的中國人，看自己文化傳統，正抱此病。有人說中國文化更無別的，只是有太監、姨太太、打麻雀牌、拖辮子、裹小腳、抽大煙。這些指摘，自也不該否認。但我們要問中國五千年來一部二十四史，是否只是太監、姨太太、打麻雀牌、拖辮子、裹小腳、抽大煙，此外更無別的？我們是否應該軟下心，回過頭來也說它一些長處？專一吹毛求疵，剔垢索瘢，似乎不是一種好態度。如上所舉，太監、姨太太、麻雀牌、辮子、小腳、鴉片煙等，在我們此五千年來之悠長歷史中究竟占了何等地位？我們也該一翻二十四史十通等許多歷史書籍，此諸形態究從何時開始？究竟發生了何種影響？究否是中國文化之大本大源與大綱大領所在？當然我並不說討論文化不該批評其短處，乃是說亦應該認識其長處。

而且我認為一種文化之真短處，則正該從其長處方面求。譬如說，我並非一演說家，亦非一語言學家，但此均非我之短處。討論我之長短者，不應在此方面立論。我此刻是來講歷史文化，諸位找我短處，正該從我所講中去找尋、去指摘。因此我們討論文化，正該先瞭解其長處，然後指摘其短處。不能說一人長於游泳，但偏要他比賽打網球。若不會，便是他短處。

有人說，我向來講中國史總愛舉其長處，如此則容易誤認為中國文化有長無短。其實要講中國史，盛衰進退治亂興亡都該講。不能只講漢、唐，不講三國與五代。但若你來寫一部希臘史，自然只該寫希臘出生了亞里士多德、柏拉圖和亞力山大，卻不必歷數希臘沒有出生過孔子、釋迦和耶穌。希臘後來衰了，但當希臘盛時，那些優點也不該一筆抹去不提。而且寫希臘史的，正該在其盛時多著筆，衰了便無語可著了。我上面說過，講文化依然只是講歷史。不能說今天中國不像樣，便對以往不該敘述其長處。這真是：「中國不亡，是無天理了。」在我幼時，六十年前的中國人，抱此見解的真不少。他們當然亦是激發於一時愛國熱忱。但我們若平心靜氣來討論文化問題，則似乎不宜如此般一意自譴。太過自譴了，至少不客觀，不真實，沒有歷史根據。

上面說過，文化只是人生。我們在實際人生中，也那能專找人短處的呢？無論在家庭、在社會，或交朋友、或處師生，人與人間則總有種種關係。若一意專找別人短處，此諸關係也都不可能存在。若真說中國文化只有太監、姨太太、麻雀牌、鴉片煙、長辮和小腳，那真成為中國不亡，是無天理了。但試問此世界上豈不仍還有中國和中國人之存在嗎？不能因為一意要罵中國和中國人，卻罵到上帝瞎了眼，喪了良心，說此是無天理呀！因知做人自譴過甚，也是一病。討論文化問題，我們也不該只如是般一味自譴自責！

上述關於如何研究文化問題，我特就我們中國此六十年來學術界風氣，提出下列諸點：

一、應根據歷史真情。

二、求其異，不重在指其同。

三、自大處看，不專從小處看。

四、從匯通處看，不專從各別處看。

五、看得遠，不可專從一橫切面只看眼前。

六、不可專尋短處，應多從長處著眼。

三

以上講了些研究文化問題所應保持的幾種心習和態度。此下再略談有關討論文化問題的其他方面。首先談到所謂文化精神與文化病。任何一種文化都會出毛病，但所謂文化病往往恰好正從其文化優點上生出。此層驟似頗難說，但以淺顯例言，如騎者易墜，操舟者易溺，歌唱者易失音，演劇者易失態，歷史上亦儘不乏其證。中國傳統文化，政治方面可說是最見長的。但中國歷史上大病，正以出在政治方面者為多。近幾十年來，中國病痛主要亦出在政治方面。若說近代中國工商實業不發達，新科學不生根，這些話也都對。但這些只是外在短處，我們儘可設法補救，或說迎頭趕上。所以老不能如此，則正為內在有病。此一病，從中國近代歷史講來，顯然仍是政治病。若使政治上沒有病，我們想要提倡科學，振興實業，該不是做不到。故我說，所謂文化精神，應指其特殊長處。而所謂文化病，則正亦出生在其特殊見長處，而不在其短缺處。

若要把別人長處來彌補自己短處，便有所謂文化交流與文化革新。但文化體系譬如一七巧板，只是那七塊板，卻可拼成一頭鳥，或一個老人，或一艘船，或一所屋子，或其他種種拼法，可成種種形態。只在此七巧板中，一塊位置變動，其餘各塊也得隨著全部變。此處可見文化交流與文化革新之不易。在文化傳統大體系中，從外面加進些微影響，亦可使整個文化體系改頭換面。當知別人長處與自己長處，驟然間未必便能配合上。所怕是引進別人長處，先把自己長處損害了。自己陷入病中，則別人長處亦將不為我有。故文化交流，先須自有主宰。文化革新，也須定有步驟。此六十年來的中國知識界，既對西方文化並未加以審慎別擇，而對自己固有傳統更不能深細剖析其利病得失之所在，隨便引進一些，卻轉對自己損害一些。於是意態愈激，遂有提出所謂全盤西化之說。但所謂西化，究向西方那一國那一民族的文化模型來化呢？這其間也得有別擇，仍須有步驟，否則如何全盤地化法？「盲人騎瞎馬，夜半臨深池」，終是件危險事。

其實這六十年前乃至六十年中，文化何嘗不時有革新。只為是無別擇、無步驟。譬如那七巧板，初時一兩塊稍微移動，還依稀見得原來模樣是老人、是馬。後來逐塊都變亂了，原來模樣早已消失，但又儘拼不出新樣子來。演變到近年如共黨之所為，他們決意一面倒，只求蘇維埃化，總算在全盤西化中選出一模子，可以照拼照湊。又無奈是文化舊根柢太深固，苦於一時斬不斷。在看得見的方面縱使都西化了，但中國的自然背景還在，中國人的傳統心習究難盡情剷除，勢將仍受多少中國舊傳統的影響。

從前有人主張，要勸中國人搬全家去外國留學。但此主張決難徹底。這一家縱西化了，待這一家回到中國，豈非仍在中國社會裡？若使我們能把全體中國人一口氣都搬到外國，則豈不仍在外國憑空搬進了一個中國社會？我們人口又多過了任何一個外國，那豈不要把外國社會反而中國化了？這六十年來的中國人，一番崇拜西方之狂熱，任何歷史上所表現的宗教信仰，也都難相比。所惜只是表現了些狂熱的俗情，偏激的意氣，最高也只算是空洞的理想，沒有能稍稍厝意到歷史與現實方面去作考慮。

至此，我們要講一些文化的共態與個性。文化有共同處，是其共態。文化有相異處，是其個性。個性有長有短，貴在能就其個性來釋回增美。共態是一種普通水準，個性則可有特別見長。但亦不能在個性上太發展，而在共態上太落後。如印度文化，便有此毛病。六十年來的中國人常說：「西方人用電燈，我們用火水燈。西方人乘汽車，我們坐獨輪車。我們如何能與人相比。」此亦不錯。但此所指，亦只在文化共態方面。在此共態之上，總還得有些自己的個性。又有人說：「我只要能和人一般地用電燈，坐汽車，個性生而俱有，卻不怕遺失了。我們儘說全盤西化，但中國人總還是中國人，莫要老在這上面操心。」此一說，驟看像有理，其實是一大荒唐。創為此等說法者，實全不知文化與人生為何事。當知文化與人生，莫不由人的心智血汗栽培構造而成。那有如哥倫布尋新大陸，一意向西，結果卻仍回到東來之理。若果我們全心全力來求全盤西化，西化不成是有此可能的。若謂東方依然仍還是個東方，這卻在從來的人類文化歷史上難於得證。

我們繼此再談一問題，即是世界文化與民族文化之別。究竟統一性、大同性的世界文化將在何時出現？此問題誰也不能答。或者我們可以說，這一種世界文化，在今天已在醞釀開始了。但何時能成熟確立，此尚有待。在我認為，世界文化之創興，首在現有各地區各體系之各別文化，能相互承認各自之地位。先把此人類歷史上多采多姿各別創造的文化傳統，平等地各自尊重其存在。然後能異中求同，同中見異，又能集異建同，採納現世界各民族相異文化優點，來會通混合建造出一理想的世界文化。此該是一條正路。若定要標舉某一文化體系，奉為共同圭臬，硬說惟此是最優秀者，而強人必從。竊恐此路難通。文化自大，固是一種病。文化自卑，亦非正常心理。我們能發揚自己文化傳統，正可對將來世界文化貢獻。我能堂堂地做一個中國人，才有資格參加做世界人。毀滅了各民族，何來有世界人？毀滅了各民族文化傳統，又何來有世界文化？

我下面將再略說文化的陶冶與修養，及其承擔與護持。或有人問：你上面所說諸項文化問題及發揮中國文化優點，固然也可能很對。但中國文化在今天，確已像到了一條山窮水盡之路。要何人來承擔此一番文化復興之大任，以及如何來護持此一分文化業績於永存呢？此一問題，該是很艱鉅。但我的答案則很簡單。中國古人說：「道不虛行。」又說：「苟非至德，至道不凝焉。」文化的責任，只在人身上。明末大儒顧亭林曾說：「天下興亡，匹夫有責。」此一番文化業績之護持，其職責正落在我們當前各人的身上。自然非有一番文化修養與文化陶冶的人，便無法來善盡承擔文化與護持文化之責。上次我說過，只要有中國人在，在其背後則必帶有一套中國的文化傳統，此是從一面說。但話又得說回來，今天的中國，對自己以往那一套文化傳統，有的存心鄙薄，有的漠不關心，似乎中國人對中國自己文化傳統，並不能如其他民族般保守與固執，此亦或可是中國人一長處。但今天若要護持與承擔中國文化，則非先有人能受良好的文化修養與陶冶不可。此事可以深言，也可以淺說。今天我們或許對政治、對經濟、對學術各方面已感到自己力量薄弱，無法來分擔此責任。但如何像樣地做一個中國人，這總該是人人有責，而且人人可能，這是在人人自己本分內能力所及之事。難道我們便不能自信我自己能做一個中國人嗎？你不信你自己能像樣地做一中國人，難道你準自信能像樣地做一外國人？若能像樣地做一中國人，此人便已接受了中國傳統的文化修養與文化陶冶，亦已對中國文化有所承擔有所護持了。

或有人還要問，中國文化究竟在將來有無出路？此則觸及文化自信與文化悲觀的問題上去。我上講曾指出，在目前，連西方人也對他們自己的文化傳統陷於悲觀，失卻自信，則無怪我們要提出此問題。但文化本是由人創造的，文化要人繼續不斷地精進日前永遠去創造。路在前面，要人開，要人行。不開不行，便見前面無路。卻不是前人創下此文化專來供後人享受。一個文化中所留下的物質成就，是可供人享受的。一個文化中所蘊有的精神力量，則待後起人各自磨鍊來發揚，來持續。文化本身是屬於精神的。僅存著一堆物質，到底不成為文化。因此，此一問題無可討論。失卻自信，便真可悲觀。只有我們把各自信心先樹立起，便見無可悲觀處，接著的問題才能有討論。

以上所講，只就我個人針對著近六十年來中國人講文化的一般流弊和短視之處說起。我只因生在此時代，深受此一種時代思潮觀念之影響，心中老覺苦悶不安，總想在此問題上找一出路，讓自己心下得一解決，因此引生出這許多想念來。但我此種種想念，亦非憑空隨便的想。我自問是曾在以往歷史上下過一番工夫，而始引生起此種種想念的。

這次一連八講，由於時間所限，所講總嫌空泛膚淺，又是語焉不詳。我不能站在純歷史純學術的立場來講話，有時不免帶有情感，隨便空說，請諸位原諒。

附錄

略論治史方法

一

歷史本係複雜人事之記錄，尤以中國史綿歷之久，包涵之廣，記載之詳備，所謂一部十七史從何說起，更何論於今日。近人治史好言系統，然系統亦未易求，晚近學人言國史系統，不越兩途。一謂自秦以來，莫非專制政體之演進。無論歷史上任何事項，莫不以帝王專制一語為說。秦始皇焚書坑儒，漢武帝表彰五經，排斥百家，盡屬專制。乃至隋唐科舉，明代八股，莫不謂其便於專制，其他一切率類此。

此等說法，起於晚清革命變法潮流之下，不過為當時一種黨人之宣傳。細按之，無當史實。

待滿清傾覆，專制政體推翻，此等歷史觀，早應功成身退。而謬種流傳，綿延不絕。據此輩人之見解，不啻謂中國自秦以來二千年之政治傳統，全屬不合理。直到最近民國建立，光明稍露，乃始調驟然有長足之進步。而此等進步，明屬模倣西洋，則中國此下豈不只有西化之一途。此等見解，我故名之曰「近代中國人之維新觀」，實即是一種「崇洋媚外」觀。

又或根據西洋最近唯物史觀一派之論調，創為第二新史觀。其治史，乃以社會形態為軀殼，以階級鬥爭為靈魂。所論厥為自秦以來，中國社會形態之階段分別。若謂中國尚在封建社會之階段中，絕未走上商業資本社會之階段。自謂其對中國史已全部通透，而無奈其誤解。照彼等意見，歷史上種種事跡，總之為上層經濟榨取之一種手腕，與下層無產民眾之一種反抗，相互為消長起伏。如是則僅為彼等政治趨向之一種工具，一種說法，惜亦同樣無當於國史之實際真相。

中國已往歷史，究有何等意義？中國已往文化，究有何等價值？中國將來之前途，除卻抹煞自己以往之一切而模倣他人以外，究有何等生路？此則尚待真心治史者之努力。

治史而言系統，固非易事。然若謂歷史只是一件件零碎事情之積疊，別無系統可求，則尤屬非是。或謂國史尚在逐步整理中，遽言系統，未免過早。今日急務，端當致力於新材料之搜羅，與舊材料之考訂，至於理論系統，暫可置為緩圖。此說亦可商。歷史範圍過廣，苟非先立一研尋之目標，以為探討之準繩，則史料盡如一堆流水帳，將見其搜之不勝搜，考之不勝考，而歷史仍不過為一件件事情之積疊，將終無系統可言。此如清儒治經，初謂訓詁明而後義理明，其論亦非不是。而極其所至，訓詁小學日明，經學大義日晦。精熟《說文》、《爾雅》，豈遂通得語孟義理。

竊謂今日治史要端，厥當先從通史入門。中國今日尚無一部適合於時代需要之通史，但以研讀通史之方法治史，為又一事。此兩事雖屬相關，然無第一事仍不妨其可有第二事。

竊謂治史者當先務大體，先注意於全時期之各方面，而不必為某一時期某些特項問題而耗盡全部之精力，以偏見概全史。當於全史之各方面，從大體上融會貫通，然後其所見之系統，乃為較近實際。其所持之見解，乃得較符真實。而其對於史料之搜羅與考訂，亦有規轍，不致如遊魂之無歸。治古史本求通今，苟能於史乘有通識，始能對當身時務有貢獻，如是乃為史學之真貢獻。不致將史學埋沒於故紙麓中，而亦不致僅為一時之政客名流宣傳意見之利用品。

民國二十五年九月

二

治史者先橫梗一理論於胸中，其弊至於認空論為實事，而轉輕實事為虛文。近人每犯此病。史蹟浩繁，或與自己所抱理論渺不相關，或扞格不入。不悟所抱理論不能涵括史實，而轉疑史籍別有用意。循至於前代史實，毫不研尋。自抱理論，永此堅持。當知治史先重事實，事實未瞭，而先有一番理論條貫，豈得有當？

昔人治史，先從一方面再轉別方面，久之各方面俱到。今治國史，苟能於政治制度上，或於食貨經濟上，先事尋求。事實可以範圍理論，而理論不足以改變事實。超越事實空言理論，則理論儘可有千百樣不同，而事實則只此事實。此乃所謂歷史，雖千頭萬緒，不勝浩繁，須虛心耐煩以求認識。

認識事實亦非易。人事繁賾，複雜萬狀，其相互間，輕重大小，先後緩急，至不易辨。處世閱歷，只是其中之一部分。治史者貴能上下古今識其全部，超越時代束縛。故首當虛心耐煩，先精熟一時代之專史，乃能深悉人事繁賾之一般。而對於各方面事態之互相牽涉影響，及其輕重大小，先後緩急之間，亦漸次呈露。如是，其心智始可漸達於深細邃密，廣大通明之一境。然後再以通治各史，自知有所別擇。然後庶幾可以會通條理而無大謬。能治通史，再成專家庶可無偏礙不通之弊。

民國二十五年九月

三

近人治史，每易犯一謬見。若謂中國史自秦以下，即呈停頓狀態，無進步可說。此由誤用西人治史之眼光來治中史，才成此病。

今試設譬，有兩運動家，一擅網球，一精足球，若為此兩人作年譜，乃專事抄襲網球家定稿，來為足球家作譜，豈得有當。近人治中國史，正多抱此意見。若謂中國惟先秦一段尚見光彩，此下即漸入歧途。惟洗伐淨盡，掃地赤立，另起場面，庶可趕上他人。是不啻以網球家成格，來批評足球家，寧得有當。

中國史與西洋史精神上之差異，至少尚遠過於足球家與網球家之不同。或仍過於運動家與美術家之別。今治西洋史，以其走上近代化的步驟，如十字軍戰爭、文藝復興、宗教改革、海外殖民地之尋覓、法國大革命、機械工業驟起、社會主義種種，來看中國史，則中國史殆如半死不活，絕無生命可言。惟春秋戰國時代，尚有封建貴族宗教神權等等，幾分近似西洋史處。今完全以西洋目光治中國史，則自秦以下宜為一個長期停頓之狀態。

中國新史學之成立，端在以中國人的眼光，來發現中國史自身內在之精神，而認識其已往之進程與動向。中國民族與中國文化最近將來應有之努力與其前途，庶亦可有幾分窺測。否則捨己之田，而芸人之田，究亦何當於中國之史學。

民國二十五年十一月

四

中國為世界上歷史最完備之國家，此盡人知之。論其特點，一、綿歷悠久，繼承因襲永無間斷。二、史體詳備，各種史料均得收容。包括地區之廣，與其活動民族分量之多，而益形成中國史之繁富，並世各民族，莫能與比。我民族文化之惟一足以自驕者，正在其歷史。足以證明吾民族文化之深厚與偉大，而可以推想吾民族前途之無限。

然而一往不變者，乃歷史之事實。與時俱新者，則歷史之知識。中國歷古相傳之史籍，亦僅為一種積存的歷史材料，並非即我儕今日所需要之歷史知識。所謂歷史知識，貴能鑒古知今，使其與現代種種問題有其親切相聯之關係，從而指導吾人向前，以一種較明白之步驟。此等歷史知識，隨時代之變遷而與化俱新，固不能脫離已往之史料，惟當在舊存之史料中耐心檢覓。

今日中國處極大之變動時代，需要新的歷史知識為尤亟。凡昔人所寶貴獲得之知識，吾人或嫌不切當前需要，而我人之所欲探索尋求者，昔人或未必注意及之。故中國雖為歷史最完備之國家，而今日之中國，卻為最缺乏歷史知識，同時最需要整理以往歷史之時期。

時時從舊史裡創寫新史，以供給新時代之需要，此不僅今日為然。即在已往，其歷史雖一成不變，而無害新史之不斷創寫。舉其最著者，《尚書》為吾國最初之史書，而書缺有間，蓋中國文化尚未到達需要編年史之程度。及《春秋》，為中國最初之編年史，《左傳》尤為編年史之進步，然而猶未達以人物為歷史中心之階段。司馬遷《史記》出，始以人物為中心。其時人物個性之活動，已漸漸擺脫封建時代宗法社會團體性之束縛而見其重要，故寫史者乃不得不創造新體以為適應。班氏《漢書》，則為斷代史之開始。乃中央統一政府漸臻穩固後，一種新要求。自此遂形成中國列代之所謂正史。而創寫新史之要求，則繼續無輟。又著者，如唐代杜氏《通典》，此為政書之創作，乃一種以制度為中心之新歷史。繼此如宋代司馬光之《通鑑》為編年的新通史。又有各史紀事本末，為事件中心的新史之再興。鄭樵《通志》，尤為體大思精，求有以通天人之際，藏往開來，而非前史體例之所能限。然則中國已往舊史，亦不斷在改寫中。而今日則為中國有史以來所未有之遽變時代，其需要新史之創寫則尤亟。

竊謂今日當有一部理想之中國通史，供給一般治中國政治、社會、文化、思想種種問題者一種共同必要的知識。不甯惟是，實為中國國民其知識地位比較在水平線上，與社會各界比較處於上層地位者，一種必要之知識。人類必由認識而後瞭解，亦必由瞭解而後發生深厚之感情。今使全國各知識界，乃至各界領袖分子，於其本國已往之文化與歷史，全不認識，試問何從而生瞭解？既不瞭解，更何從而有感情？然則其對於本國民族與文化傳統之愛護，何能望其深切而真摯？今使全國各界之領袖人物，對其本國民族與文化，俱無深切真摯之愛情，試問其可有之危險為何如？

然而此非欲錮蔽全國人之心思氣力以埋頭於二十四史九通，為舊史料之記誦。亦只謂其本國歷史的知識，為其國領導分子知識分子所應有的知識而已。至於此種知識之提供，則尚有待於今日本國史學界之努力，此則需有新史學之創建。

所謂新史學之創建，此亦殊難一辭而盡。要言之，此當為一種極艱鉅的工作，應扼要而簡單，應有一貫的系統，而自能照映我國家現代種種複雜難解之問題。尤要者，應自有其客觀的獨立性，而勿徒為政客名流一種隨宜宣傳或辯護之工具。要能發揮中國民族文化已往之真面目與真精神，闡明其文化經歷之真過程，以期解釋現在，指示將來。

有志為此種探討，其中心注意點，如歷代之政治制度，人物思想，社會經濟，將以何者為研尋國史新知識之基本要點？此亦難言。中國新史學家之責任，首在能指出中國歷史以往之動態，即其民族文化精神之表現。此在能從連續不斷的歷史狀態中劃分時代，從而指出其各時代之特徵，即此一時代與前一時代及後一時代不同之所在，亦即各時代相互之異同。從此乃見其整個的動態。如某一時代特異之狀態在經濟，則此項經濟狀態即為該一時代之特徵。或在政治制度，或在學術、思想、宗教、風俗，諸端皆然。

經濟情形未嘗非歷史事項中極重要之一端，然若某一民族之歷史，其各時代之變動不在經濟而別有所在，則治此民族之歷史者，自不得專據經濟一項為惟一之著眼點，此理甚顯。中國自秦以來，直迄最近，苟自社會經濟一端言，要之在農業經濟之狀況下。若遂據此而輕率斷定中國文化自秦以來即少進步，自屬偏見。治國史者，苟專在農業經濟方面從事探討，無怪其謂中國民族絕少進步。因各時代狀況略相同，無從尋得其進步之所在。然若真能為客觀合科學的新史家，必從識得中國史之變動何在始。中國史之變動，即中國史之精神所在。近人誤認為中國史自秦以下即絕少變動，其實皆由未嘗深究國史之內容，而輕率立言之故。變動何在，當詳他篇。此不具論。

民國二十六年一月

歷史教育幾點流行的誤解

近讀〈史地教育委員會二次會議參考材料第一號〉，二十七年八月總裁訓詞革命的教育，深受感動。我們只須真實認識，真實推動，更不必再多說話。

總裁訓詞裡說：「我們今後教育目的，要造就實實在在能承擔建設國家復興民族責任的人才。而此項人才，簡單說一句，先要造就他們成為一個真正的中國人。」這是一個萬分痛切的教訓。要做一個真正的中國人，我想惟一的起碼條件，他應該誠心愛護中國。這不是空空洞洞的愛，他應該對中國國家民族傳統精神傳統文化有所認識瞭解。譬如兒子愛父母，必先對其父母認識瞭解。這便是史地教育最大的任務。

一部二十四史從何說起。國史浩繁，從前人早已深感其苦。何況身當我們革命的大時代，在一切從新估價的呼聲之下，更覺國史傳統之不易把捉。但是愈是新的改進，卻愈需要舊的認識。過去和現在，絕不能判然劃分。因此在我們愈覺得國史難理的時候，卻愈感得國史待理之必要。

我常細聽和細讀近人的言論和文字，凡是主張有關改革現實的，幾乎無一不牽涉到歷史問題上去。這已充分證明了新的改進不能不有舊的認識。只可惜他們所牽涉到的歷史問題，又幾乎無一不陷於空洞淺薄乃至於見解荒謬。這是事實。我們這一時代，是極需要歷史知識的時代，而又不幸是極缺乏歷史知識的時代。

讓我略舉數例以資說明。我常聽人說，中國自秦以來二千年的政體是一個君主專制黑暗的政體。這明明是一句歷史的敘述，但卻絕不是歷史的真相。中國自秦以下二千年，只可說是一個君主一統的政府，卻絕不能說是君主專制。就政府組織政權分配的大體上說，只有明太祖廢止宰相以下最近明、清兩代六百年，似乎迹近君主專制，但尚絕對說不上黑暗。人才的選拔，官吏的升降，刑罰的處決，賦稅的徵收，依然都有傳統客觀的規定，絕非帝王私意所能輕易搖動。如此般的政體，豈可斷言其是君主專制？

只緣清末人，熟於西洋十八世紀時代如法人孟德斯鳩輩的政論，他們以為國體有君主、民主之分，政體有專制、立憲之別。中國有君主而無國會無憲法，便認是君主專制。不知中國政體，如尚書禮部之科舉與吏部之詮選，已奠定了政府組織的基礎，不必有國會而政權自有寄託。如有名的《唐六典》，大體為宋代以來所依照，極精密極完整的政權分配，使全個政府的行政機關各有依循，便不必有憲法而政權自有限節。而況明代以前，宰相為行政領袖，與王室儼成敵體。王帝詔命，非經宰相副署，即不生效。君權相權有時互為軒昂，正如法國、美國總統制與內閣之互為異同。

現在我們一口咬定，說二千年來中國只是一個專制黑暗的政體，我們非得徹底翻新，加以糾正。政治只是社會各項事業中較重要的一項。政治理論全部變了，則牽連而及於社會其他各項事業之理論，亦必隨而變。牽一髮動全局，因而搖動及於全部人生理論精神教育以至整個文化傳統。試問中國傳統政治及其背後的理論，若要全部翻新，以前種種譬如昨日死，一刀兩截，非不痛快，然而以後種種卻從何產生？於是在革命初期，便已有英國制和美國制的爭論。而隨著上次歐洲大戰後的新變動，國內又產生蘇維埃共產政治與德、意獨裁政治的鼓吹與活動。試問一個國家的政治理論及其趨向，是何等有關於全民族的，而把他的重心全部安放在異邦外國人的身旁，這是如何一件可詫異而可驚駭的事。

只有孫總理的三民主義，努力要把中國將來的新政治和已往歷史的舊傳統，連根接脈，視成一體。可惜他的見解，尚不為一般國人所瞭解。一般國人只還是說，中國自秦以下二千年政治，只是專制黑暗。他們像是根據歷史，但他們並不真知歷史。不知乃不愛，但求一變以為快。

再舉一例。我又常聽人說，中國人二千年來閉關自守，不與外來民族相接觸，因而養成其文化上自傲自大，深閉固拒的態度。這又是一句歷史的敘述，只可惜仍不是歷史的真相。秦以前暫不論，我們再就秦以下言之，自東漢初葉，中經魏、晉、南北朝，下迄隋、唐，大體上超過六百年時期，可說是中國接觸吸收印度佛教文化的時期。印度可說是中國的近西。自隋、唐以下迄於宋、元，大體上又有六百年的時期，可說是中國接觸吸收阿拉伯回教文化的時期。阿拉伯、波斯可說是中國的遠西。中國自秦、漢以下的一千三四百年間，西北陸路，西南海路的向西交通從未斷絕。中國人何嘗閉關自守？今佛教已為中華民族所信仰，而回教之在中國，亦得自由傳布。漢、滿、蒙、回、藏，民國以來合稱五族。中華文化吸收印度佛教之影響，人盡皆知。而自唐以下，中華文明所受阿拉伯波斯回教東來之波動，現在尚需學者詳細闡發，中國人何嘗自傲自大。

六朝、隋、唐中國高僧西行求法的熱忱，以及唐以下中國對波斯、大食商人的坦白寬大的態度，只廣州一埠，在唐末便有大食、波斯商人二十萬之譜，而其時大食、波斯商人之足迹，已遍布中國。從此便夠證明上述中國人文化自傲對外深閉固拒的評狀，全無根據。此等話，只是近代西洋教士與商人的讕言，並非歷史真相。

西洋中古時期的耶穌教，本已包攬著許多政治社會上的塵世俗務。海通以還的耶教士，更形變質，幾乎成為帝國主義資本主義之前呼後擁。他們把在南非與北美的經驗與態度帶到中國。不僅來中國宣傳教理，卻往往干涉中國之內政，激起中國之民變。與往古印度高僧純以宗教真理相感召之精神，顯有差別。而西洋商人之牟利政策，如鴉片強賣等，更招中國人之惡感。近世中西交通史上，鴉片戰爭前後，不斷的教案以及連續的強占土地強索賠款等事項，其是非曲直，大可待有志研究全世界人類文化史而抱有明通觀點者之公平判斷。

中國史上之東西交接，至少已經三期，第一期是近西的中印接觸，第二期是遠西的中回接觸，第三期才是更遠西的中歐接觸。前兩期各自經歷六、七百年的長期間，已見中華民族對外來異文化之一般態度及其成效。現在的中歐接觸，自明末以來，為期只三百年，雖則西洋以其過強之勢力壓迫於我，但我們誠心接納吸收異文化之熱度，仍是與前一般。若以前兩期的成績來推論，再歷三百年，中華民族一定能完成吸收融和我更遠西的歐洲文化。

但是要吸收外面的養料，卻不該先破壞自己的胃口。近代的中國人，也有笑林文忠為頑固糊塗，捧耆善、伊里布等為漂亮識大體的。這無異於站在外國人的立場，代外國人說話。中國人自己不知道中國事，便不愛中國。不知道中國不愛中國的人，如何算得是一個真正的中國人。事實上是一個真正的中國人，而理論上卻又絕不能算他是一個中國人，如此般的人，到處皆是，豈不可痛，豈不可驚。

上述的兩例，一個使中國人感覺中國已往一切要不得，一個使中國人不敢批評外國人一句，不是的只在自己這一邊。這種錯誤觀念，關係何等重大。他們都像是一種歷史敘述，但是絕不是歷史的真相。無意中已把中國人立足所在的重心，遷移依靠在非中國人的腳邊。這樣將使中國人永遠不能自立。

現在請再舉一個更明顯的例，而又是有關於地理問題的。遼河流域在中國史上深遠的關係，早已發生在秦漢之前。直到明代，建州衛特起，只是吉林長白山外一小部落。遼河兩岸，全屬明代疆土。滿清入關，包藏禍心，不許漢人出山海關，要把關外作他的退步。但是那時只稱遼、吉、黑作關東三省，絕不叫他是滿洲。日本人又進一步，把清代所稱關東三省徑呼滿洲，又常以滿鮮、滿蒙並稱。中國人不知其用意，自己亦稱關東三省作滿洲。直到偽「滿洲國」成立，世界上不瞭解真相的人，還以為滿洲人在其本土滿洲自立一國。這是外國人冤枉中國歪曲中國歷史來欺侮中國人之一例。

我們並不想歪曲自己的歷史，來利用作一時的宣傳。但是我們應該澄清當前流行的一套空洞淺薄乃至於荒謬的一切歷史敘述。我們應該設法叫我們中國人知道真正的中國史，好讓他們由真正的知道，而發生真正的情感。這樣才配算是一個真正的中國人。這一個責任，自然要落在史地教育者的身上。

現在再說到中國傳統文化之價值問題，這本可不證自明的。中國文化是世界上綿延最久展擴最廣的文化，只以五千年來不斷綿延不斷展擴之歷史事實，便足證明中國文化優異之價值。近百年來的中國，不幸而走上一段病態的階段。這本是任何民族文化展演中所難免的一種頓挫。又不幸而中國史上之一段頓挫時期，卻正與歐美人的一段極盛時期遭逢而平行。國內一般智識分子，激起愛國憂國的熱忱，震驚於西洋勢力之咄咄可畏，不免而對其本國傳統文化發生懷疑，乃至於輕蔑，而漸及於詛罵。因此而種種空洞淺薄乃至於荒謬的國史觀念，不脛而走，深入人心。然而此種現象，亦依然還是一時的病態，並沒有搖動到中國傳統文化之根柢。只看此次全國抗戰精神之所表現，便是其明證。試問若非我民族傳統文化蘊蓄深厚，我們更用何種力量團結此四萬萬五千萬民眾，對此強寇作殊死的抵抗？

當知無文化便無歷史，無歷史便無民族，無民族便無力量，無力量便無存在。所謂民族爭存，底裡便是一種文化爭存。所謂民族力量，底裡便是一種文化力量。若使我們空喊一個民族，而不知道做民族生命淵源根柢的文化，則皮之不存，毛將焉附。目前的抗戰，便是我民族文化的潛力依然旺盛的表現。此在一輩知識分子，雖有菲薄民族文化乃至於加以唾棄的，而在全國廣大民眾，則依然沈浸在傳統文化的大洪流裡，所以寧出於九死一生之途以為保護。

由此言之，今日史地教育更重要的責任，卻不盡在於國史知識之推廣與普及，而尤要的則更在於國史知識之提高與加深。易辭言之，不在於對依然知道愛好國家民族的民眾作宣傳，而在於對近百年來知識界一般空洞淺薄乃至於荒謬的國史觀念作糾彈。更要的，尤在於對全國民眾依然寢饋於斯的傳統文化，能重新加以一番新認識與新發揮。在此革命建國時代，又值全世界大動搖之際，若非將我民族傳統文化作更深的研尋與更高的提倡，而仍是空洞淺薄或仍不免於荒謬的只求利用歷史來對民眾暫時作一種愛國的宣傳，依然一樣的無濟於事。

說到這裡，史地教育界責任之艱鉅，更可想見。此在全國史地教育界同仁，固當益自奮勵，肩此重擔。而在提倡史地教育的行政長官，以及關心此問題的愛國學人，則希望不斷的給與我們以鼓勵與助力，乃至於給與我們以寬容與期待，莫要把此事業看輕易了。

民國三十年十一月

歷史與文化論叢

錢穆　著

本書為錢穆先生不惑之年後，或應出版社之邀，或就個人、團體之請，以歷史及文化為主題所作的文章、講稿之集成。寫作時間橫跨三十餘年，寫作地點從香港至臺灣，寫作主題涵蓋歷史、文化、社會、政治、經濟諸多層面。其內容之緯，是錢穆對眾議題提出的觀察與剖析；其內容之經，是錢穆秉持著人文精神做出的思辨與反省。錢穆先生如同一位憂國憂民的儒者，面對時代的變遷，真誠地提出自己的呼籲。錢穆先生的生命，留存在一篇又一篇的文字裡。本書既是關心時事之人的借鏡，也是現代人認識錢穆先生的一扇窗，得以直視一代國學大師的理想、意念與靈魂。

中國歷代政治得失

錢穆　著

中國歷史，自秦漢以下，即摶成一廣土眾民的大一統國家，常有一大一統政府臨制其上。二千年來，日有擴張，為並世諸民族所無。此於治人治法，皆有關係。其在兩者間之畸輕畸重，亦遞有爭論。本書提要鉤玄，專就漢、唐、宋、明、清五代治法方面，有關政府組織、百官職權、考試監察、財經賦稅、兵役義務，種種大經大法，敘述其因革演變，指陳其利害得失，要言不煩，將歷史上許多專門知識，簡化為現代國民之普通常識，於近代國人對自己的傳統政治、傳統文化多誤解處，一一加以具體而明白的交代，實為現代知識分子所必讀。

古史地理論叢

錢穆　著

本書彙集考論古代歷史、地理長短散文共二十二篇，其主要意義有二：一則古代歷史上之異地同名來探究古代各部族遷徙之跡，從而論究其各地經濟、政治、人文進化先後之序，為治中國古代史者提出一至關重要應加注意之一節目。二為泛論中國歷史上南北兩地域經濟、政治、人文演進之古今變遷，指示出一些大綱領，同為治理中國人文地理者所當注意。要之為治歷史必通地理提示出許多顯明之事例。內容有極專門處，但亦有極普通處，須待學者細讀詳參。

中國學術思想史論叢（一）

錢穆 著

本書乃《中國學術思想史論叢》上編之第一冊，共收論文七篇。首先推論中國上古之時，北方農作物及山居實情與今日所知之大不同，其中援史證經，多發前人所未發。再論周公對中國文化之影響與意義，探求《詩經》之源流意蘊，考辨〈西周書〉之文體，發明《易經》之旨趣，皆於理舊之中見其萌新。最後引經據史，以春秋時代人之行為事例驗證中國文化之特殊精神——道德精神，深細剖揭民族文化之生命內涵。凡此種種，皆為研究中國學術思想指引出具體路徑，有志於此者可踵之入門，一窺中國文化至善至美之堂奧。

中國學術思想史論叢（二）

錢穆 著

本書乃《中國學術思想史論叢》上編之第二冊，所收散篇論文共二十篇，上起孔子，下迄秦代，於儒道墨名四家思想，其內容之異同出入，其年代之先後遞變，均有精確之分析、詳密之考訂。對於古今聚訟之問題，一一以獨特之見解，與以圓通之論定，尤其如《易傳》與《小戴禮記》諸篇之融會儒道，《大學》、《中庸》兩篇中所未經闡發之新義。〈墨辨〉諸篇與惠施、公孫龍之間之派別分歧，莫不深入淺出，獨闢奇境。並於哲學思想以外，引申及於社會史及文學史，分別讀之，各樹一義。會合而觀，對於先秦百家，匯成一體，誠為治該時代之學術思想者所不可不讀之一書。

中國學術思想史論叢（三）

錢穆 著

本書乃《中國學術思想史論叢》中編之第一冊，上起兩漢、下迄南北朝，凡得論文十二篇。本冊重要部份，一在論本時代之文學，以建安新文學為其轉捩點，溯源窮流而以《昭明文選》為其主要之題材。一在論東漢以下之門第，舉凡當時門第在政治社會上，在學術思想上，在詩文藝術上，在有關中國文化傳統之種種關係上，莫不有所闡述，可謂發前人所未發，為考論此一時代之歷史實況者所不可不知。其他如根據陸賈《新語》，推求秦漢之際之學術，根據稀見材料，編為葛洪年譜，以揭破神仙家言之傳說。要之隨篇陳義，語不虛發，新見絡繹，則在讀者之自為尋究。

中國學術思想史論叢（四）

錢穆　著

本書乃《中國學術思想史論叢》中編之第二冊，屬隋唐之部，收錄賓四先生討論中國學術思想之十六篇論文。兩漢後，儒學衰微、老莊代興，而佛學東來日益興盛。迄隋唐，有天台禪華嚴之佛學中國化，其中禪宗尤為特出。書中四篇討論王通、韓愈，其餘全為禪宗部分，主要在剖辨六祖惠能與神會之異同，其次辨析禪宗與理學的關係。全書以考據方法陳述思想，以歷史演變闡發思想史承先啟後的關鍵，語必有證、實事求是，且義理特出。閱讀此編可上溯魏晉、下究宋明，明白中國學術思想轉變之關鍵。

中國學術思想史論叢（五）

錢穆　著

本書乃《中國學術思想史論叢》下編之第一冊，收錄賓四先生關於兩宋學術思想之論文十四篇。先生自言其對宋代學術史自文學，讀歐陽永叔、東坡、荊公集後，意態始一變而有意於學術文。北宋諸儒，其議論識見精神意氣，有跨漢唐而上追先秦之概。本書既加抉發，尤於釋氏中剔出契嵩《鐔津》一集，尤見夏蓮秋菊，其品質相異，有隨其氣候水土而不爽如是者。本書舉濂溪、康節，南北相提並論，尤可採學風轉移之消息。於二程異同、程朱與孔孟異同、儒釋異同，抉發尤精細，衡論尤持平。治兩宋學者，於此書甚勿易視。

中國學術思想史論叢（六）

錢穆　著

本書乃《中國學術思想史論叢》下編之第二冊，專關宋代以後之學術，含有元一代，以迄明初。其黃東發、王深寧、吳草廬三家學述，敘朱學之流衍，可見元初學術思想之大概。讀明初開國諸臣詩文集正續篇，舉諸家詩文，以證明初諸臣或心存韃庭，或意蔑新朝，怯於進而勇於退，殊未見其揭揚夷夏之辨為民族革命號召。作者由文論史，抉隱發微，道前賢所未嘗道，為治國史者所不可不知。他如金元道教考，述當時道教之新趨，以明古今之變。理學與藝術一文，則發明學術思想與藝術之關係，專舉繪畫一事，元代四大家亦在其內，故附此書，可為研治吾國藝術史者啟一新途。

中國學術思想史論叢（七）

錢穆　著

本書乃《中國學術思想史論叢》下編之第三冊，共收文十七篇，以討論有明一代之理學思想為主，尤以陽明一派為中心。特於王龍谿、羅念菴兩人平日交往言論異同，詳加闡申，以見浙中江右王門之歧趨所在。公安三袁學一篇，從其學術思想之基本處發論，則其文學上成就之利弊得失高下深淺，亦可言外得之矣。蕺山一案，所收材料，多為梨洲遺棄不錄者，從此可深窺梨洲所為學案之偏失處。編末附〈朱子學流衍韓國考〉一文，詳論李退溪、李栗谷、宋尤菴、韓南塘四人。宋尤菴以前皆在明代，惟韓南塘已及清初，可見宋明理學成就影響遠及韓國以至日本之一斑。

中國學術思想史論叢（八）

錢穆　著

本書乃《中國學術思想史論叢》下編之第四冊，亦為最後一冊。本書收入賓四先生關於清代至民初學術思想之論文，共二十餘篇。先生曾著《中國近三百年學術史》，於有清一代學術思想已剖析良多，本書各稿成於其後，惟所重偏在思想，多為《學術史》所未及者，並又收入數篇後來收穫未刊之稿。而書末更取康長素、章太炎材料，涉及民國時代，尤為有意考論民國以來之學術思想者所不可忽略。又先生在抗戰時期，於成都撰寫《清儒學案》，卻以故湮沒，則中國四千年來學術思想傳統演變之跡，本書實為其殿。

中國思想通俗講話

錢穆　著

思想無法脫離群眾獨立，中國傳統思想更是蘊藏於廣大群眾的行為、往古相沿之歷史傳統及社會習俗之中。本書以「道理」、「性命」、「德行」、「氣運」四題及補文一篇，共五個部分，拈出目前社會習用的幾許觀念與名詞，由此上溯全部中國思想史，並由淺入深的闡述此諸觀念、諸名詞的內在涵義，及其相互會通之點，藉以描繪出中國傳統思想的大輪廓。凡此，均足供讀者作更深入的引申思索。

先秦諸子繫年

錢穆　著

先秦諸子年世問題實多，前人多據《史記．六國年表》加以考訂。然〈六國年表〉僅據秦史，本身即多闕漏。先生乃通過考證汲冢《竹書紀年》，改正《史記》之牴牾；兼之遍考諸子著述，博採秦漢古籍，對先秦諸子之生平思想，各家學派之傳承流變，一一論證。其廣度與深度，為當時的學術圈開創了一番新境界。先生更為此故，獲聘任教於燕京大學，從此由中學教師走上大學講臺。本書取材之廣博，考證之綿密，俱值得當代治中國學術思想者，反覆細品。而作為賓四先生早期最重要的著作，本書體現了先生對史料爬梳抉剔、條分縷析之治學精神，亦為研究其思想者所必讀。

論語新解

錢穆　著

「孔子一生重在教，孔子之教重在學。孔子之教人以學，重在學為人之道。」自西漢獨尊儒術以來，《論語》便是中國歷代學者必讀之作，諸儒為之注釋不絕，習《論語》者亦必兼讀其注。然而，學者往往囿於門戶之見而刻意立異，眾說多歧，未歸一是，致使讀者如入大海，汗漫而不知所歸。賓四先生因此為之新解。「新解」之新，乃方法、觀念、語言之新，非欲破棄舊注以為新。一則備采眾說，折衷於是，以廣開讀者之思路，見《論語》義理之無窮；二則兼顧文言頗析之平易，與白話語譯之通暢，以求擺脫俗套，收今古相濟之效。讀者藉由本書之助，庶幾能得《論語》之真義。

人生十論

錢穆　著

「飛翔的遠離現實，將不是一種福，沉溺的迷醉於現實，也同樣不是一種福，有福的人生只要足踏實地，安穩向前。」本書為錢賓四先生之講演稿合集，由「人生十論」、「人生三步驟」以及「中國人生哲學」等三編匯集而成。所論人生，雖皆從中國傳統觀念闡發，但主要不在稱述古人，而在求古今之會通和合。讀者淺求之，可得當前個人立身處世之要；深求之，則可由此進窺古籍，乃知中國傳統思想之精深，以及與現代觀念之和合。做人為學，相信本書皆可以啟其端。

八十憶雙親、師友雜憶（合刊）

錢穆　著

本書為《八十憶雙親》、《師友雜憶》二書之合編，皆為錢賓四先生對自己生平所作的記敘。《八十憶雙親》為先生八旬所誌，概述其成長的家族環境、父親的影響和母親的護恃。後著《師友雜憶》，繼述其生平經歷，以饗並世。不僅補前書之不足，歷數了先生的求學進程、於各地的工作經驗、做學問的契機、撰著寫就的過程以及師友間的往事等，使讀者對賓四先生有更完整、更深刻的認識；亦可藉由先生的回憶，了解其時代背景，追仰前世風範。

世界局勢與中國文化

錢穆　著

本書乃彙集三十年之散篇論文，共三十題，就其中一題，取名為《世界局勢與中國文化》，討論當前世界局勢之演變，及中國文化在此變動局勢中應如何自處之道。所涉方面甚廣，論題或大或小，或專或通。每題各申一義，而會合觀之，則彼此相通，不啻全書成一大論題，而義去一貫。其間各篇，雖因時立論，而自今讀之，亦無過時之感。因本書作者，本對世界局勢與中國文化，抱一堅定深入之信念，故因機解發，自有泉源混混，不擇地而出之致也。

中華文化十二講

錢穆　著

本書乃賓四先生初定居臺灣期間，在各軍事基地之演講辭，共十二篇，大體討論中國文化問題。賓四先生認為中國文化有其特殊之成就、意義與價值，縱使一時受人輕鄙，但就人類生命全體之前途而言，中國文化必有其再見光輝與發揚之一日。賓四先生一生崇敬國家民族之傳統文化，幾乎一如宗教信仰，頌讚或有過分處，批評他人或有偏激處，要之讀此一集，即可見中國文化影響之悠久偉大，實有難乎想像之處。

國家圖書館出版品預行編目資料

中國歷史研究法／錢穆著. ——初版一刷. ——臺北市：三民，2023
面；　公分. ——(錢穆作品精萃)

ISBN 978-957-14-7419-9（精裝）
1.史學方法 2.中國史

611　　111003016

中國歷史研究法

作　　者｜錢　穆
發 行 人｜劉振強
出 版 者｜三民書局股份有限公司
地　　址｜臺北市復興北路 386 號 (復北門市)
臺北市重慶南路一段 61 號 (重南門市)
電　　話｜(02)25006600
網　　址｜三民網路書店 https://www.sanmin.com.tw

出版日期｜初版一刷 2023 年 1 月
書籍編號｜S600061
I S B N｜978-957-14-7419-9